# 正海に訊け！

村越正海 著
Murakoshi Seikai

内外出版社

# はじめに

釣りに関する古い書物を収集したり、読み耽ったりするのが大好きである。過ぎ去りし往時の自然環境や釣り環境、あるいは、釣り人たちの熱き想い、道具を取り巻くあれやこれやを、文章の内に読み解くことができるからだ。

強く感じるのは、自然の豊かさ。今となっては何の変哲もないような釣り場で、立て続けに大物がヒットして竿が折れたり、ハリスが切れたりといった記述をそこかしこに見出すことが出来る。そこには明らかに、人間（釣り人）対魚の真剣勝負が存在している。

私見を含めてイメージを記させてもらえば、当時の釣りのアドバンテージは明らかに魚にあった。竹やグラスファイバー製の太くて重い竿を操りながら、次々に襲い掛かる大魚と闘うことがどれほど大変だったか知れない。しかし一方で、なかなか手中に収めることのできない相手との真剣勝負、挑戦者ならではの熱き想いに羨ましさを覚えずにはいられない。未知の魚に挑む、夢の世界があったのだ。現代の釣りは、道具の進化も含め、釣り人たちの精神の進歩を置き去りにして、少々進化しすぎてしまったようにも感じられる。

さて、本書で綴らせていただいている「ソルトウォーター・ルアーフィッシング」に関しては、まだまだ歴史が浅く、本格的に取り組むようになってからせいぜい40年程度のものである。

そのわずか40年程度の歴史でさえ、草創期の紆余曲折を知る人が少なくなってきている現状に杞憂を覚えるとともに、時の流れの早さを感ぜずにはいられない。

本書にしたためた一編一編のエッセイは、日本国内におけるソルトウォーター・ルアーフィッシング、あるいはゲームフィッシングに関する、時代の証人と捉えていていただいてよいに違いない。

一例をあげるなら、ダイワ製スピニングリールのサイズ表記。

本書にたびたび登場する2500番というサイズが現在では3000番、3000番が4000番という具合に、規格が変更されているのである。これによって、かねてから懸案事項であった、釣り具2大メーカーの双璧であるシマノ製品との差がほぼなくなり、これから釣りを始めようとする人たちが迷わなくて済むようになった。釣り業界にとっては、素晴らしい一歩。大きな転換点となったのである。

現代の釣りの世界は溢れんばかりの情報が飛び交い、日本はおろか世界中の釣況が時を隔てることなく居ながらにして手に入るようになった。もはや、釣果は情報の収集力次第、と言ってしまっても言い過ぎには当たるまい。陸っぱりの釣りとなればなおさらのことだ。

例えばこれが、船釣り（オフショアルアーフィッシングを含む）の情報なら、その日の釣果を船宿のホームページや提携している新聞社の釣況欄などで逐一チェックすることが出来る。若干注意しなければならないのは、数と大きさに関する誇大な発表。その日の釣果が翌日の客足を決める、となれば、誇大発表はあながち理解できないわけでもない。同じ港の他の船宿の釣果を参考に、自らフィルターをかけてやれば済むことなのだ。

ところが、陸っぱりの釣果情報となれば、以前は収集するのが実に難しかった。場所によっては困難だったと言ってしまってもよいぐらいだ。それより何より、直近情報があるかないかさえ怪しかったのである。その、収集に困難を極めた陸っぱり情報が、今ではSNSを駆使することによって、たやすく得られるようになった。フレッシュな情報を、家に居ながらにしてかき集めることが出来る時代になったのだ。場所、ヒットルアー、タックル、潮汐のタイミング等など、集めた情報に従い釣行すれば、高確率で釣果を手にすることが出来るというわけだ。

もちろん、タックルにしても、使い勝手の良い、信頼できる専用品が多数出回っている。もはや、どの竿でなければ、ということもない。このリールを使わなければひどい目にあう、なんてこともない。竿が折れたり、リールが壊れたり、道糸が切れたりといった心配をほとんどしなくてよい時代になったのだ。

かように、情報が氾濫しタックル全般が飛躍的進化を遂げた昨今、釣りは結果ばかりが取り沙汰され、多獲や大物指向があまりに強くなりすぎたように思う。

狙った魚が釣れることは決して悪いわけではないのだけれど、少々疲れはしまいか。釣行を前にスマートホンを手に最新情報を集めまくる釣友を見ていて、フトそんな気がしたのである。

まだ見ぬ釣り場に想いをはせつつ、眠れない夜を過ごすのも悪くないのではないか。歩みを緩め、過去を振り返りつつ、自分にとって心地よい釣りとは何かを見つめ直してみるのもよいではないか。本書がその一助となるのなら、筆者として幸甚である。

いかに道具が進化し、情報が集めやすくなったとはいえ、釣りは、大いなる大自然の中で展開する、無限の可能性を秘めた遊びであることに変わりはない。

村越正海

# もくじ

※ルアーマガジンソルト創刊号～同2009年10月号掲載分を収録

カバー・本文デザイン　小谷田一美

## 第1回

# もっともっと釣りへ行きたい

### 趣味を仕事にできるって、これ以上のシアワセはない！

創刊号（編柱：『ルアーマガジンソルトVol・1』）にエッセイを書かせていただくことが決まってからしばらくの間、サテ未だ見ぬ雑誌にどんなテーマで文章を綴ろうか、と、思いをめぐらせた。

釣り、海、魚、旅、ロッド、リール、ルアー等など、こねてみたいテーマは山ほどあるが、初めてということを優先し、日頃、多くの方々から投げかけられる、わが身のあれこれについて、自己紹介を兼ね、思いつくまま書きなぐってみることにした。

「村越さんって、ダイワ精工の社員なんですよねぇ」と聞かれることが少なくない。

これは、ぼくが予想している以上に多くの方々がそう思っているらしく、随分前から現在にいたるまで、あちこちで年に何度かは必ずといってよいほど質問される事項のひとつである。

なるほど、20年以上も前からダイワ精工提供の釣り番組『ザ・フィッシング』に出演する傍ら、同社のウェアーを身にまとい、最新タックルを手に新聞や雑誌に登場しているのだから、そう思われても仕方ない。

何せ、まだまだ釣りのプロフェッショナルを公言するのは珍しい時代である。

明けても暮れても、一年中釣りばかりしている村越正海の本業は、ダイワ精工の社員であるに違いないと思われるのは、むしろ当然のことなのかもしれない。

しかし、この場できっぱり言っておくが、ぼくはダイワ精工の社員ではなく、1年毎に所属契約を結んでいるアドバイザリースタッフである。分かりやすくいえば、ダイワ精工とタックル使用契約を結んでいるプロフェッショナルの釣り人なのである。

ぼくとダイワ精工との本当の関係がお分かりいただけただろうか。

さて次に、ぼくがどんな仕事をしているのかを、お話ししよう。

所属契約を結んでいるダイワ精工のお偉いさんから何度か、「村越さんは何の仕事をしているんですか?」と問われる通り、ダイワ精工の契約金だけで暮らしてゆくことは難しい。

今現在、ぼくが手がけている仕事は、釣り雑誌をはじめとする出版物の原稿書き（むしろこれが本業か)、企画、監修、編集、ビデオやＤＶＤの企画、監修、編集、テレビ番組の企画、監修、出演、釣りの講演会や講習会等など。

出演しているテレビ番組は、テレビ大阪(テレビ東京)の『ザ・フィッシング』、ＣＳ放送釣りビジョンの『シーバス全国行脚』、同じくＣＳ放送スポーツアイの『豪快釣り道』。

雑誌の連載は、月に10数本。

ほぼ全てが釣りに係わる何かであるからこそ「プロの釣り師です」と公言しているが、ではプロのプレイヤーかと問われればはなはだ怪しい限りなのである。

現状において、釣りを生活の糧にしてゆこうと心に決めるなら、2足や3足のワラジを履く覚悟が必要であろうとおもわれる。

さて次に、「年間に何日ぐらい釣りに行くのですか」という、これもまた非常に多い質問のひとつである。

その都度ぼくが、「記録を付けているわけではないけれど、概ね２５０日から３００日程度でしょうか」と答え、それを聞いた質問者が、「ええーっ、そんなに行っているのですか」と驚くのがお決まりのパターンである。

その、２５０日なり３００日という数字が、職業釣り師の釣行回数として特別多いものとは決して思わないのであるが、週1釣り師で50日、週2釣り師で１００日釣行がせいぜいというあたりと比較するなら、多いといえば多いのかもしれない。

しかし、「ではアナタは年間に何日仕事をしていますか」と反対に質問を投げかければ、「フムフムそうかそうか」と納得していただけるケースも少なくないのである。

それだけたくさん釣りに行っていることが知れると、次に出てくる質問は、「それだけ釣りに行っていると、飽きたりしませんか」あるいは「趣味も仕事になると大変ですよね」となる。

質問者が、今現在係わっている自分の仕事に対して情熱を失い、すでに飽きてしまっているためなのか、はたまた趣味を仕事にするもんじゃないというポリシーの持ち主なのかは定かでないが、ぼくは、その両方に対して首を横に振り、次のように答える。

「釣りへ行くことには全然飽きません。そりゃあ毎日、同じ場所で同じ釣りをしていろ、と強制されれば自信はありませんが、シーバスフィッシングばかりでなく、ジギングで青物を釣ったり、キャスティングでシイラ、カツオを釣ったり、時には趣向を変えて海岸から投げ釣りでシロギスを釣ったり、川でアユを釣ったり、小川でフナやヤマベを釣ったり、池でヘラブナを釣ったり、船に乗ってマダイを釣ったり、その他諸々、色いろな魚たちに色いろなスタイルで挑んでいるせいか、全く飽きることはありません。それどころか、どの釣りに関しても時間が足りない。もっともっと釣りへ行きたい気持ちが募るばかりです」

さらに、

「いえいえ、趣味を仕事にするというのは悪くありませんよ。何たって毎日好きなことを一生懸命していればよいのですから。言い換えるなら、仕事が趣味、ということになるのでしょうか。おそらく、プロ野球選手が野球に飽きてしまったり、プロゴルファーがゴルフに飽きてしまったりすることなどあり得ないでしょうし、大変で仕方ないと嘆くこともないと思います。釣りも同じで、そりゃあ仕事となれば責任感も必要になりますから、時にはプレッシャーに押しつぶされそうにもなりますが、反面、それだけの充実感も得られます。大変なのかといえば全然そんなことはありませんし、むしろ楽しいばかりです」

と、一気にまくし立てる。

釣りを仕事としているぼくに、ナゼか同情してくれる人もいれば、「趣味を仕事にできるなんて、最高の人生ですね」と賛辞をおくってくれる人もいるのである。

実際、趣味を仕事にできるって、これ以上のシアワセはないと思いますよ！

サテ、一番好きなのは何釣りですか、と聞かれることも少なくない。

シーバスフィッシャーマンたちは、「シーバスフィッシングです」と、投げ釣り師たちは「投げ釣りです」と、船釣り師たちは「船釣りです」と、それぞれそう答えてもらいたいという期待が込められているのかもしれない。

「どの釣りも面白くて困ってしまいます。つまらない釣りを見つける方が難しい。いや、つまらない釣りなどあり得ない。もし、『何々釣りはつまらない』と口に出して言う人がいたら、その人はその釣りの面白さが分かるところまで踏み込めなかったに違いない。中途半端にかじって、そのまま断を下してしまっただけなのだ。少なくともぼくは、シーバスフィッシングも面白いし投げのシロギス釣りも面白い。ＧＴフィッシングも面白ければ、小川の小ブナ釣りもホソのタナゴ釣りも面白い。イシダイもメジナもクロダイも、マグロもマダイもブリもカンパチも、シイラもカツオもタチウオも、アユもイワナもニジマスも、みんなみんな熱くさせてくれる相手なのです」

そう断ったうえで、

「対象魚が何かというより、荒い磯に立って釣りをするシチュエーションは大好きです。強風に吹きさらされた海に出て、荒波の打ち寄せる磯に立ち、思い通りにルアーをキャストし、イメージ通りの釣りが展開できるかどうか。もちろん命の危険も感じますし、相応の体力と技術と経験を必要としますから、だれにでもできる釣りではありません。ぼく自身にしたって、あと何年続けられるか分かりません。磯際に立っていて、怖いと感じるようになったらヒラスズキ釣りの一線から退こうと思ってます」

と、続けることもある。

ともあれ、何釣りが好きか、という問い掛けには、いつだって困り果ててしまうのである。大物釣りに挑む機会が多いせいか、何かトレーニングをしているのですか、と問われたりもする。

トレーニングに関していえば、特別ハードなことはやっていないものの、ずっとずっと続けているのは確かである。

元々ぼくは、小学校高学年から大学を卒業するまで、水泳の選手をしていた。卒業後もしばらくの間は、生活費を稼ぐためにスイミングスクールの指導員をしていた。その間ずっと、多少なりともトレーニングを続けていて、その習慣が今でも抜け切れない。

2年ほど前までは、毎日家で、ダンベルと腹筋運動を行っていたが、肘と肩を痛めてからは腕立て伏せと腹筋運動に切り替えている。

多くの先輩諸氏から、「村越君はいくつになった」と問われ、ぼくがまだ20代の頃には「30歳を過ぎると急激に体力が衰えるから」とアドバイスを受け、30代の頃には「40歳を過ぎると急激に体力が衰えるから」と注意を受け、40代の今は「まだまだ若いねぇ、50歳を過ぎると……」と諭されるのであるが、60歳になっても70歳になっても同じ会話が交わされると予想できる。

ある年齢を過ぎれば、年々体力が低下するのは当然のことである。ある年齢とは、男女ともに10代であることが判明しているのだから、何も努力をせず、ジタバタもせずに年齢を重ねれば、老いるのを待つばかりだ。

体力の低下をただ年齢のせいにしている人は、おそらく、何の努力もしていない人なのだろうと想像できる。

もちろんぼくは、プロとしての責任感もあるし、意地もある。ほんの少しの積み重ねが結果を大きく変えてしまう、ということもよく知っている。

それは、スイミングスクールの指導員をしていた頃に、歳のいった生徒たちの体力がどんどん向上していくのを目の当たりにしていたためだ。

そんなこんなで若干の努力を交えつつ、釣り三昧の生活を送れることに感謝し、毎日を楽しんでいる。

1958年3月生まれのB型、47歳。

月給も有給休暇もない、身分不安定な職業釣り師である。

第2回

# 例年というマボロシ

## 現在形のない釣りのハナシ
## そして、変なコトだらけだった05年

釣りの話には現在がなくて、過去の話や未来の話ばかりだ、と、名著『オーパ！』の中で度々書いていたのは、作家の故・開高健さんである。

釣り人ならだれもが、おそらく、確かに、「そうだ、その通りだ」と、ヒザを叩いて納得するのではなかろうか。少なくとも1度や2度は、不調のどん底にあえいでいる最中に、過去や未来の絶好調話を聞かされたことがあるに違いないのである。

昨日までは、よかった。

明日からは、きっとよくなるハズだ。

といった具合に。

ぼく自身とて、これまでそんな憂き目に何度遭ってきたことか。

1度や2度程度ではなく、10回や20回程度でもなく、100回か200回、いやひょっとすると1000回以上そんな不運に遭遇してきたようにも思われる。

もちろん、だからといって、「それじゃあ釣れなくても仕方ない」とあっさり諦め、釣果のないまま、すごすご引き下がったりしないのが職業釣り師なんだけどね。

ジタバタもがきつつ、苦しみつつ、そして楽しみつつ、しぼり出したり、ひねり出したりしながら最善を尽くし、その努力と結果の逐一を伝えるのが、自分自身の成すべきこと、と考えているのである。

といった訳で、現在形に遭遇することが稀な、釣りの情報や現実や話にはすっかり慣れっこになってしまっているのであるが、最近はむしろ、「今年は変だ」という、さらに奥深い、絶望的なコトバが横行しているように思えてならない。

今年の海は、例年と比べて1ヶ月遅れている。

今年は、例年より水温が低い。あるいは高い。

今年は、例年に比べ魚の釣れ始めるのが遅れている。

例年に比べ雨が多い。あるいは少ない。

気温が高い。低い。風が強い。流れが速い。遅い。台風が多い。少ない。等など。

実際に現場で耳にした、「例年どおり」でない現実を数え上げたらきりがない。

現在形のない、実態不存の絶好調話にぐんぐん迫る勢いなのである。
では実際に、05年にぼくが遭遇した、「例年どおり」から逸脱した現実についてお話ししよう。

1月。

年明け早々にオーストラリアのブリスベンへ飛び、そこから車で300キロメートル北上した港より大型クルーザーで出船し、3泊4日の予定で、フレーザー島周りのロウニンアジに挑む予定だった。

ところが、この時期になればピタリと止むハズの季節風が一向に収まらず、大シケ続きで出船さえできない。

「例年であれば海は静かになっている時期なんだけどね」というのが、案内人から伝え聞いた現地キャプテンの説明。

それでは、と内陸の釣りに繰り出し、生まれて初めて、10キログラムオーバーのでっかいバラマンディを釣り上げた。

それはそれで、ぼくにとってはまあよかったのだけれど、新年早々に期待していた大型ロウニンアジとの豪快ファイトは、残念ながらお預けとなった。

ところが、よくよく聞いてみれば、同じ場所を狙った、ぼくたちより前に出掛けたグループも、後に出掛けたグループも、そのまた後に出掛けたグループも、ことごとく強風と大シケの洗礼を受けた。

こうなればもはや、「今日は……」というレベルではなく、確かに「今年は……」という異例を口にしたくもなる。

05年初の「今年は変だ」は、こうして、はるかオーストラリアの地で聞くことになったのだった。

6月に出掛けたマレーシアでも、「例年とは違う」状況に遭遇。

ターゲットは、セイルフィッシュ、すなわちバショウカジキ。

シンガポールの友人から、無数に設置されたパヤオの周りに大群がやってくる、と教えられ、かねてから誘われていた。

最も魚影が濃いのは、4月か5月。7月になると風の吹く日が多くなるため、6月ごろまでならまあ、釣果は堅いでしょうと教えられた。

スケジュールを調整し、どうにかこうにか6月に、オーストラリアで苦汁を飲み合った釣友たちと連れ立って出掛けた。

オーストラリアのうっぷんをマレーシアで晴らそう、といった、リベンジ釣行のような雰囲気が漂ったのは、当然の流れである。

ところが、またしても異例の状況に遭遇。

「例年であれば、4月にはセイルフィッシュが大挙してやってきて、バンバン釣れていていいハズなのに、今年はいまひとつパッとしない。特にこの数週間は最悪の状況です」と説明された。

05年海外釣行2度目の大敗を喫する羽目になったのだった。

ただし、同所へは9月中旬に再び出掛け、今度はきっちり釣果をあげた。トップウォータープラグ（『縮尺1/2 PEN』）に追いすがるセイルフィッシュや、トリヤマの下でボイルする群れを興奮しながら眺めつつ、ナルホドこれが「例年」の、あるべき状況なのだなぁと納得したのだった。

海外釣行3度目の「今年は変だ」は、9月上旬に出掛けた、インドネシアのインド洋で遭遇。

「例年」ならイルカの群れとともに、50～80キログラム以上もあるキハダがバンバン跳ねていて、その群れにGT用のでっかいトップウォータープラグをキャストすると、ドッカンと飛びついてくるのだとそそのかされた。

案内をしてくれたジャカルタ在住の釣り人から、「つい先日もそこそこの釣果を上げたので、今回も期待は十分です」と説明を受けつつ、空港から3時間かけて現地へ向かったのであった。

翌日、船に乗って沖へ出るやいなやキャプテンが、「この数日間は、キハダの姿を全く見ていない」と口にした。

「ええーっ、それって、状況はかなりキビシイってこと?」

「いや、そうとはいえません。例年であれば、この時期は絶好調のハズですから。昨日がダメだって、一昨日がダメだって、今日からよくなる可能性は十分あるとおもいます」

現地の釣り人から力強くそういわれると、現状がどうであれ、ホッと救われた気分になるのだから不思議なものだ。

しかし、現実は厳しく、港近くのホテルに3泊し、都合4日間に渡って徹底的にトプップウォータープラグをキャストし続けたのであるが、1度たりともキハダの姿を拝むことはできず、「今年は変だ」という結論に達するハメになったのだった。

帰国後にメールで受けた現地からの情報によれば、その後もことごとく不調が続いたとのことなので、やはり「変」だったのは、釣行時のみでなく、「今年」のようだ。

これまた、再チャレを挑まねば気の済まぬ釣りのひとつである。

05年の締めくくりは、12月中旬に出掛けたブラジルのアマゾン。

アマゾン川上流のネグロ川に流れ込む、デメニー川とそのまた支流のアラカ川で丸々6

日間、ピーコックバスを狙った。

ぼくなりには数もサイズも、納得できる釣果であったのだが、現地に詳しい釣り人やロッジのオーナーたちは、口を揃えて「こんなモンじゃない」と毎夜、熱い口調で説明する。

その内容は、例年なら水位が低くなる時期なのに、今年は雨が多く、水位が上がり続けている。従って、多くの魚たちは水に没したジャングルの中へ入り込んでしまい、釣りようがなくなってしまっているのである、といったもの。

こんなことは過去になかった。ついには「今年のアマゾンは変だ」というお決まりの結論に達したのだった。

もちろん、「今年は変」なのは、海外ばかりではない。

日本国内においても、「例年に比べて今年は変」であることこそが、もはや「例年どおり」であるように思えてならない。

確かに、想定外の状況が毎年やってくるのも事実である。

05年は、黒潮の大蛇行によって、相模湾に黒潮の本流が入り込まず、水温が低めで、シイラやカツオの魚影が薄かったばかりか、いまひとつ活性も上がらなかった。

その異例を憂いたのは、豪快なファイトを夢見ていたルアーフィッシャーマンばかりではない。

04年に続く好調を見込んで大量にルアーを作り上げたメーカーやそれを仕入れたルアーショップ、そして大挙して訪れるルアーフィッシャーマンをアテにしていた船宿も、大いなる打撃とショックを受けたのだった。

06年の夏は、「例年どおり」であれば、何かしら想定外の波乱が襲ってくることになるのだろうか。

「今年は変だ」が「例年」となりつつある昨今、06年こそは、できることなら国内外を問わず「例年と違わぬ」安定した釣果を望みたいものである。

第3回

# 久米島のシーバス

## 屋久島でヒラスズキ捕獲!?　魚の生息範囲と釣り人の思い込みとのギャップとは?

「村越さん、ビッグニュースです」

「ナニナニ?」

「2週間ほど前、久米島でシーバスがキャッチされました」

「本当に?」

「ええ、多分シーバスです。それもヒラスズキだとおもうんですが」

「えっ、ヒラスズキ?　まさか。タイリクスズキじゃないの」

「何分現物を見たことがないのでハッキリとは言えませんが、写真と図鑑を照らし合わせて見る限りは、ヒラスズキだとおもいます。斑点はないし、下あごが突き出して口元が尖った感じだし……」

「うむ。それは特徴からするとヒラスズキっぽいねぇ」

「サイズは？」

「63センチです」

電話を掛けてきたのは、沖縄県にある「シーランド」という釣具店の、ルアーフロアーの担当主任。

以前から親交があり、ぼくが取材で沖縄へ出掛ける際、しばしば裏方として協力していただいたり、出演者として参加していただいたりもする。

面白い話があると、すぐに電話をしてきてくれる、頼りになる情報提供者でもあるのだ。

その友人から、数年前にも、沖縄県内でシーバスがずいぶん釣れています、といった情報を受け、すかさず現地調査に出掛けたことがあった。

そのときの魚はタイリクスズキで、どうやら養殖イケスから大量に逃げ出したことが判明。一件落着となった。

おそらく今回も、同じようなことではないのだろうか、とおもいつつ、話を聞き進めた。

しかし、沖縄県の久米島でタイリクスズキが養殖されているなんて話は聞いたことがない。タイリクスズキどころか、魚の養殖そのものが行われていないのだ。

養殖されているものといえば、エビぐらいのもので、あとは、知り合いの漁師さんが、奮起一発、マグロの養殖事業を計画中といった程度のハズである。

となれば、タイリクスズキの可能性も高くはない。では……。

「ところで、だれが釣ったの?」

「地元の高校生みたいです」

「地元っていうのは、久米島?」

「そうです」

「お店にきたお客さんの知り合いで、お客さんの携帯電話に、写真メールが送られてきていています。何でも、リーフに出てサラシの払い出しを狙ってルアーを引いていると、まずガーラが2尾ヒットしてきて、その後に問題の魚がヒットしたようです」

「ということは、そこに写真があるの?」

「あります」

「じゃあ、すぐにぼくのパソコンに転送してくれない」

「分かりました。今直ぐ」

しばらくして送られてきた写真を見て、驚いた。

一目瞭然。正真正銘。ヒラスズキである。

大きさが分かるように並べて置いたのであろう、久米仙(泡盛)の一升瓶より、だいぶ大きい。

頭の位置で揃えてある一升瓶が、尻ビレのところで終わっている。そこからさらに、くびれた尾の付け根があって、さらに尾ビレに続いているのだから、60センチオーバーであることは間違いない。

もちろん、いくら解像度が良くなってきているとはいえ、所詮は携帯電話の写真である。尾ビレの形状も、体の斑点の有無も、正確な魚種判定を下すほど鮮明ではない。しかし、姿かたちは紛れもなくヒラスズキそのもの。

長年に渡り、数え切れないほど多くのスズキ、ヒラスズキ、タイリクスズキを見続けてきているだけに、3種のシーバスを見紛うことは、まずない。

「これは間違いなくヒラスズキです。一体どういうことなのでしょうか。どうなっちゃってるんでしょうか」

「村越さんが、今年もそろそろ久米島へ通い始める時期だとおもって、すかさず情報を入れたんですけど、どうです、新鮮な気分になれましたか」

「そりゃあもう、ばっちりです。しかし、久米島にヒラスズキが生息しているとは考えにくいし。どう理解したらいいのか分かりませんねぇ」

ルアーフィッシャーマンには縁遠い話かもしれないが、イシダイの近縁であるクチジロの釣り場は、ここ10年ぐらいの間に、驚くほど南へ広がっている。

沖縄県内では早くから生息が確認され、実際に釣り上げられてもいたのだが、小笠原で突然、クチジロブームが起こったのは、比較的最近のことだ。

まさか小笠原にクチジロが生息しているとは思わなかった、というのが、大方のイシダイ師の正直な気持ちである。

そのまさかのクチジロが、ふたを開けてみれば、一応釣れる程度ではなく、宝庫と呼んでもおかしくないほど釣れ盛ったのだから驚きである。

もちろん、クチジロが生息域を南へ広げていったわけではなく、釣り人たちが、生息していることに気付いていなかっただけのこと。

そのまた昔は、八丈島にさえ、イシダイ（イシガキダイ・クチジロを含む）はいないといわれていたのだから、釣り人の認識もずいぶんと甘かったものである。

その例でも分かるとおり、ぼくを含め釣り人の内には、身近な実績やデータに裏打ちされた、既成概念なる厄介ものが、知らず知らずのうちに住み着いてしまっているケースが多いのだ。

既成概念を自ら打ち破ることは、かなり難しい。

むしろ、偶然の出来事をキッカケとし、突きつけられた現実によって新しい発想が生まれ、結果としてそれまでの常識が覆されてゆくといったケースが圧倒的に多いのではないか。

ぼく自身、南限であろうと想定していた屋久島へ出掛け、実際にヒラスズキを釣り上げてやろうと挑んだのも、偶然の出来事がキッカケだった。

その日ぼくは、テレビ番組の撮影で屋久島を訪れ、地磯からメタルジグをキャストし、カンパチやヒラマサといった青物を狙っていた。

ヒットはするものの、テーブル状に張り出した水中根に阻まれ、なかなかランディングに持ち込むことができない。

魚がヒットしていなくとも、かなり速いスピードでメタルジグを回収しなければ、無情に根掛かりが連発するほどのきついハエ根である。

掛かっては切られ、切られてはシステムを組み直し、リーダーを結び、メタルジグをつないで再び挑むということを何度も何度も繰り返した。

結局、自慢できるような青物をキャッチすることはできなかったのであるが、高速で回収しようとしたメタルジグに、足元のサラシからヒラスズキが飛び出し、ヒットするというハプニングが起こった。

ごついタックルを使用していたせいか慎重さに欠け、エラアライを繰り返すヒラスズキを一気に引き寄せそのまま抜き上げようとした。後で考えればあまりにも無謀なことである。

当然のことのようにフックが外れ、千載一遇のチャンスをみすみす逃してしまったのであった。推定、70センチ、4キログラム弱といったところだろうか。

悔やまれるバラシであったが、それより、ヒットしたことが貴重であった。

実際にヒラスズキがヒットしたことによって、人づてに聞いた話で屋久島にヒラスズキが生息しているらしいという想定を、事実として置き換えることができたからだ。

しかし、ちらりと映像に映ってはいたものの、現実を目の当たりにしたぼくほどに、皆に納得してもらうには不十分といわざるを得ない。

そこで、再び屋久島を訪れ、島中を駆けずり回って2尾のヒラスズキをキャッチ。屋久島にヒラスズキが生息していることは、紛れもない事実としてだれもが知ることとなったのである。

その南に連なるトカラ列島の島々で、ヒラスズキが釣れたり捕れたという話は聞いたことがない。

従ってぼくは、現在までヒラスズキの南限は、屋久島であるとかたくなに信じ、また、公然と説いたり綴ったりしてきたのである。しかし、沖縄県の久米島でヒラスズキが釣り上げられたとなれば、既成概念を捨て去り、意識を新たにして、屋久島以南の海域を調査し直さなければならない。

潮流か何かの影響で久米島にたどり着いた、偶然の1尾であったとしても、屋久島以北の海域から流れ着いたとは考えにくい。

となれば、トカラ列島あたりの海域にヒラスズキが生息しているのかもしれない。

しかも、小笠原のクチジロのように、ふたを開けてみたら魚影が濃く、ヒラスズキの宝庫であったなんてことにならないとは限らない。

久米島で釣り上げられたというヒラスズキの写真を見て、ぼくの頭は混乱しはじめている。

第4回

# 職業釣り師の闘い

## 「ヤバイ」という戦慄と、後悔が脳裏を巡った

今年のゴールデンウィークに、ちょいと丹沢湖（神奈川県）へ、ブラックバスの様子でも見に行こうかと思い立って出掛けることにした。

休日のバス釣り場へ行くのだから、朝は早い方がよいに決まっている。ボートゲームならまだしも、陸っぱりとなれば、大勢のバスマンが押し掛けて魚が警戒し始める前に勝負をつけてしまわなければ、釣果を得るのは難しいからだ。

何せ、バスフィッシングに関する特別なテクニックを身につけているわけではない。当然、若いバスフィッシャーマンたちの駆使する最新テクニックに太刀打ちすることなど到底できない。

ベーシックな釣りに終始するぼくにヒットのチャンスがあるとすれば、魚の警戒心が薄

い、早朝か、夕方だけであろうと考えたのだ。

夜明けと同時に起き出し、眠気眼をこすりつつ、車にバスタックルを積み込もうとすると、荷台にはメタルジグをぎっしり詰め込んだ衣装ケースがいくつも居座っていた。まずそれを下ろしてから、バスタックルを積み込もうとしたのがいけなかった。起きがけで体の柔軟性を欠いていたのもいけなかったのだろう。20キログラムはあろうかという衣装ケースを不用意に、中腰でグイと持ち上げた瞬間、腰にピピッと痛みが走った。

10年以上前に合計3度、経験したことのある感触であった。

瞬間、「ヤバイ」という戦慄と、「やってしまった」という後悔が脳裏を巡った。

ギクッときてそのまま一歩も動けなくなってしまうケースではなく、ピピッときて、時間をかけながら次第に痛みが増してゆくタイプのぎっくり腰であろうと、すぐに分かった。

一瞬迷ったが、どうせ動けなくなるのが目に見えているのだから、ともあれ40分走って丹沢湖まで行き、動けなくなるまでバスフィッシングを行おうと決めた。

素早く、そして慎重に残りのメタルジグを部屋に運び入れ、バスタックルを放り込んで車を走らせたのである。

出発間際のアクシデントで釣り場への到着が遅れたせいか、ブラックバスのご機嫌はよくない。

キャロライナリグでボトムを丹念に探っても、ノーシンカーワームをゆらゆら沈めても、一向に反応がないのである。

ならば、と見えバス探しに奔走したが、満水のため岸辺がことごとく立ち木に覆われていて、小バスを発見することすらできない。10センチほどの、さすがに釣りの対象には成り得ないマイクロバスがサスペンドしているのを何度か目撃した程度である。

そうこうするうち、次第に腰が重くなり、動くたびに電流を流されたごとく神経が刺激されるようになり、ついには車の乗り降りにも支障をきたすようになった。

明日はきっと、動くことすらできないに違いない。

そう思えばおもうほど、この日が貴重に思えた。次は、何日後に釣りができるか知れないからだ。

動くたびに体中をビビッと突き抜ける電流と戦いながら、結局夕暮れまでたっぷり粘り、数尾の小バスをキャッチして家路に着いた。

その頃にはすでに、体調は最悪の状態となっていたのだった。

予想通り、夜には身動きひとつとれなくなり、ついにはベッドから起き上がることもできなくなってしまった。

2日後には、鳥取市の釣具店へ出掛けなくてはならない。ここ数年、毎年イベントを組んでいただいている、気の置けない釣具店で、スタッフの方々が暖かく迎えてくれるのが嬉しいのである。

ところが、腰の状態はよくなるどころか悪くなる一方で、車に乗ることも、飛行機に乗ることも、ましてや釣り場に立つことなど到底できそうにない。

罪悪感に押しつぶされそうになりながら、受話器を手にとり、釣具店にお断りの電話を入れた。

多大な労力と、多くの費用がムダになってしまうにも関わらず、ぼくの体をいたわってくれ、快くイベント中止を受け入れていただいたことには、どれだけ感謝してもしきれない。何かしら埋め合わせをしなければ、天罰が下るに違いない。

3日目には、磯ダモの柄を両手に1本ずつ持ち、フラつきながらも動けるようになった。スローモーションのようでもあるが、動けることへの感謝を覚えた瞬間である。

釣りを再開したのは、1週間後に出掛けたインドネシア。

ターゲットは、キャスティングで狙うキハダとGT。当然、ヘビータックルを駆使することなどできない状態であったため、軽めのタックルのみを持参。

ロッドは、ダイワ精工から今年発売された、『ソルティガ・ドッグファイト』。長さ7フィート半。40ポンドテスト対応のゲームロッド。キハダやセイルフィッシュたちと、40

ポンドテスト以下のラインで戦うために作られたものである。

リールは、『ソルティガＺ４０００』。ＰＥ３号を３００メートル巻き込んである。大きな魚が掛かったら、十分走らせて捕るようにすれば、何とかなるに違いないと考えたのだ。ジギングタックルの用意も、と言われていたため、ベイジギングタックルも持参することにした。

ロッドは、『ソルティストＢＪ６２１ＸＨ』。ベイジギングロッドの中では最も硬い調子のロッドで、対応ラインは、16ポンドテストまで。

リールは、『ミリオネア２００ＢＢ』。

ラインは、ＰＥ１・２号。

以上2セットを携え、成田空港よりジャカルタ空港へ飛んだのだった。

釣果は、スピニングタックルで10キログラム程度のキハダを上げ、ベイジギングタックルではバーチカルジギングで5キログラム程度のＧＴをキャッチした。

ぼくにとっては十分満足の行く釣果であったうえ、使用艇が、ソファー付きキャビンのある大型スピードボートであったこと、さらには海がベタナギ状態であったため、のんびりと、楽しい数日間を送ることができたのだった。

このインドネシア釣行を機に、釣りの現場への復帰を果たすことにした。

まだまだ本調子には程遠い状態であったが、完治するまでのんびり休んでいるわけには行かない。

所属メーカーとの契約金は、すずめの涙程度。体の調子が悪いからといって、のんびりなどしていられないのだ。

その点、野球選手やサッカー選手たちは恵まれているなぁ、とつくづく感じた。故障した体が完治するまで十分休んで、万全の体勢で仕事に挑むことができるからだ。

おそらく、プロレスラーたちも、ボロボロの体でムリをしているのだろう。

幸い、取材のテーマは、サーフのヒラメ、ボートからのマダイジギングと、ムリのない釣りが続いた。

その後、玄界灘・七里ケ曽根のクロマグロ釣りへ出掛けたが、幸か不幸か海況が悪く、2日間出船の予定が1日に短縮。

そして、5月のヤマ場である、宮古島のGTロケに出掛けた。

沖合のキハダやクロマグロとなれば、ライトラインでゆるゆる戦いながら、走らせて捕る、ということがいくらでも可能である。

PE6号なら10分でねじ伏せられる40キログラムのキハダに対し、PE3号で30分かけて取り込むというのもひとつのゲームであるからだ。

しかし、相手がGTとなればむやみやたらと細イトで挑むわけにはいかない。起伏の少ない地形や、ボートを操船するキャプテンの技量が揃わなければ、走らせて捕ることなど不可能に近いからだ。

もちろん、そんなゲームが理想であると常々思ってはいるのだが……。

GTゲームに挑んだのは、腰を痛めてから3週間と2日目。無理をせず、ひたすら温存し続けたせいもあって、自己判断では9割方まで回復していると感じていた。

まずは、全長30センチの『尺PEN』に18キログラムのGTがヒット。至近距離のヒットで体にかかる負担は大きかったが、難なくランディングに成功。ファイト中も、腰への不安を感じることはまるでなかった。

さらに数時間後、今度は『ムラムラPOP』のLサイズにヒット。水面のルアーにドカンと出たわけではなく、遠くの水面で、いきなり吸い込まれた感じだった。

そのGTがかなりの大物で、自己記録更新をも予感させる感触だった。しばし距離を詰めてもらった後は、ボートでのフォローを断り、自力でのファイトを選択。まるで磯で戦っているような感覚を覚えつつ、走りを強引に止め、突っ込みに耐え、全身の力を振り絞って浮かせにかかった。

常に脳裏にあったのは、「釣り上げた後、果たして腰は大丈夫なのか」。

10分ほどのファイトで水面に浮き上がったのは、推定45キログラムの巨大ＧＴ。抱きかかえて撮影し、立ち上がってリリースを行い、撮影は完璧な内容で終了することができた。

その代償として、ぼくの腰は、予想通り翌日から再び悪化してしまったのだった。

その後も連日のように取材釣行をこなしているが、駆り立てるのは、各地で待ち受けてくれる釣友たちと、釣りの楽しさ。

釣りの魅力は、腰の痛みをも上回るということなのである。

第5回

# 粘り強く1尾を目指す

## ぼくの釣行には毎回、ドラマチックな幕切れが待っている

「野球は2アウトから始まる」といわれる。

今夏の高校野球を見ていて確かにそう思った。とりわけ、知弁和歌山（和歌山）と帝京（東東京）とで戦った準々決勝は、手に汗握る熱戦だった。

9回表2アウトより8得点をあげ、試合をひっくり返した帝京の粘りも見事なら、その裏に5得点を奪い返し、サヨナラ勝利を収めた知弁和歌山の意地も見事である。

両校に共通していたのは、最後の最後まで諦めないという気力。少なくともこの激闘を演じた選手たちの心には、堅忍不抜の精神が強く根付いたに違いない。

野球を趣味としているわけではないが、この戦いには感銘を受けた。

釣りの取材にあまりにも似ているナ、と思ったからだ。

実際、ぼくが釣り人として参加する実釣取材では、媒体がテレビであれ雑誌であれ、なぜか最後の最後で釣果にたどり着くケースが圧倒的に多い。ともすれば、現場での時系列を操作してドラマチック仕立てに作り上げたのではないか、と疑われることもしばしばである。

〝現実は小説よりも奇なり〟といわれるように、決して諦めず、集中力を高めて粘っていると、必ずや奇跡は起こるものなのだ。

いくつかの取材釣行を振り返ってみると、改めて、思わずホッと胸を撫で下ろしてしまいたくなるケースが多い。

本誌創刊2号目の実釣取材で四国へ出掛けた際も、実にきわどかった。予め現地の釣り仲間に協力をお願いし、万全の態勢で挑んだものの、ほんの僅かに時期がズレてしまったらしく、釣果確実と思われた釣り場で見事玉砕。4人で並んで延々ルアーをキャストし続けたものの、コツリとも伝わらなかったのである。

釣り場を替えて翌日も粘り抜いたが、カスリもしない。

通常の釣行では、釣り場をめぐりながら時間を重ねるほどに、釣り場と時合の絞り込み、そして具体的な攻略法が、徐々に見えてくる。

1日目よりは2日目。2日目よりは3日目といった具合に、日時を重ねれば重ねるほど、ヒットの確率と自信が高まってゆくものなのである。

ところがこの釣行では、毎日が振り出しで、シーバスの気配を感じることさえできない。実績のある釣り場が次々と消去されてゆくだけで、可能性を予感できる釣り場にどうしても行き着かないのである。

そこで、思い切って愛媛県から高知県への大移動を決行。

明るいうちに川を見て回り、夕マヅメに勝負をかける場所を決めた。取材のタイムリミットは翌日。何が何でも翌朝までに釣果をあげなければならない。

可能性が高いのは、夕暮れから暗くなるまでの間。満潮から下げにかかる潮時で、流れも発生するであろうことが予想できる。当然、シーバスの活性も高くなるに違いない、と読んだのだ。

狙いは的中し、夕マヅメ以降の30分間に、小ぶりながら立て続けに3尾のシーバスをキャッチ。

最後の夜に、ようやく釣果にたどり着くことができたのだった。

VOL.3の取材で出掛けた鹿児島でも、良型のヒラスズキがなかなか顔を出さず、真剣勝負は最終戦にもつれこんだ。

未明から、どっぷり日が暮れるまでみっちり粘ってどうにかこうにか数尾をキャッチしたものの、中小型ばかりでいまひとつ見栄えがしない。「できることなら表紙に使いたい」といわれていただけに、何としても良型を1尾、キャッチしたいところであった。

大隈半島から深夜に鹿児島市内へ戻り、翌日は未明から薩摩半島へ向かった。

北西の強風と大波が襲いかかる荒磯で最後の勝負をかける。

そしてついに、砕けて広がる大ザラシの中で良型がヒット。

寝る間も惜しんで鹿児島県内を駆け巡った運命共同隊への、海からのご褒美であったに違いない。

慎重なファイトの末、積み重なる大きなゴロタ石の隙間に引き寄せた魚を、2人の釣友が大波を被りながら抱えあげてくれ、ゲームセット。

でっぷりした魚体は、実際より何倍も重く、そして大きく感じられた。

これもまた、9回の土壇場におけるサヨナラ劇である。

4月下旬の、ゴールデンウィーク直前に出掛けた、中国・舟山《チョウシャン》群島でのテレビ撮影もきわどい取材だった。

成田空港から杭州《ハンチョウ》空港へ飛び、そこから車で5時間のロングドライブ。そのままフェリーで海を渡り、舟山群島へ。さらにそこから磯釣り渡船で3時間走り、ようやく目的地の東極島に着くのである。

しかも、東極島は未だ外国人に対して無条件開放をしているわけではないため、舟山の警察署へ出向いて入島許可（ビザのようなもの）を受けなければならない。

5日間の行程で、東極島を攻めることができたのは、4日目のわずか1日だけだった。

渡礁した直後、小型ながら今釣行におけるシーバス第1号をフローティングミノーでキャッチ。

同じ磯で延々粘り続け、バイブレーションプラグのボトム攻略で、同サイズを追加。

どうにか釣果はあがったものの、小型2尾ではテレビ的にかなり辛い。

そこで、渡船に乗って釣り場を移動することにした。

ところが、移動した先の磯では、シーバスは全くヒットしてくれない。

磯中をぐるぐる歩き回りながら、ルアーをとっかえひっかえしてみるのだが、地形も潮の流れも申し分ないのに釣果を得ることができない。

時は刻々と過ぎ、やがて終了時刻が間近に迫った。

迎えの船がいよいよ100メートルほどのところまで近づいたとき、磯際のボトムぎりぎりを引いていたバイブレーションプラグに、コツンと当たった。

半信半疑のまま同じコースを再び引いてみると、今度はヒット。

すぐに手を上げて合図を送り、船が近づくのを静止して、貴重なシーバスを取り込む。

さらにゲームを続行すると、これが何と入れ食い状態で、瞬く間に5尾をキャッチ。最大66センチで、文句ナシ。最後の最後に、予想もしなかった展開。9回2アウト、崖っぷちに立たされた後の、大逆転勝利といってよい取材釣行であった。

今号の取材も、すんなり釣果があがったわけでは、決してない。真夏というシーズンに、日中ベースでシーバスフィッシングを展開するのはなかなか難しい相談である。

しかも、オフショアではなく、オンショアで。

青森、秋田、宮城などなど、東北方面の釣友たちに片っ端から電話を掛けて釣況を確認すると、案の定、今ひとつ芳しい返事が返ってこない。

最も可能性の高そうだったのが、今回出掛けた茨城県の那珂川周辺。

現地には気心知れた釣友が何人もいるし、真夏のシーバスフィッシングを河川内で展開するのは妥当といえる。

しかも、このところ那珂川の支流である涸沼川上流の涸沼で、コンスタントに釣果が上がっていると教えられた。

そこで、夜間の釣果を保険とし、朝夕のマヅメ時を主体に、できることなら日中の釣果をあげるべく挑んでみることにしたのだった。

到着早々、夕マヅメのボイル狙いに失敗。

そのままナイトゲームに突入し、軽く2~3尾をやっつけておこうともくろんだものの、あえなく玉砕。翌朝、未明より再びボイルを狙い、首尾よくトップウォータープラグでヒットを得たものの、ネットを使ってのランディングでまさかのミス。

日中の那珂川上流部では同行の釣友にシーバスがヒットするも、フックアウトでサヨナラ。ようやく飛び出したのは、予想外のブラックバス。

流れの中で真っ暗になるまで粘ったものの、ついにシーバスを手にすることはできなかったのである。

予想だにしなかった釣果ゼロのまま、最終日を迎えることとなった。

日中のゲームが低い確率であることは、すでに分かっている。

となれば、夜明け直後までの数時間が勝負。

未明に釣り場に入り、午前3時半過ぎに良型のシーバスがヒットした。が、目の前まで寄せたところでフックアウトの大失態。おもわず皆で天を仰いでしまったのである。

夜明けが間近に迫った頃、ついに、ようやく、良型のシーバスをキャッチ。

これまた9回2アウト後のホームランに近い。

釣りは、最後の最後まで諦めてはならないのである。

『ルアーマガジンソルト2007年1月号』に掲載された対馬でのヒラスズキ釣行記事。3日間の行程で、目的の魚がヒットしたのは、終了直前だった。

第6回

# 2人のカメラマン

## ランカーシーバスの手持ち写真をわずか3〜4カットしか撮らなかったのである

職業釣り師としてすでに20余年、振り返ってみれば、本当に多くの人たちと釣りの現場をともにしてきたものである。

釣り師、編集者、カメラマンなどなど。

その内から、とりわけ印象深い、2人のカメラマンの話をしたい。

1人は、釣り雑誌の仕事も数多くこなしている方で、フライフィッシャーマンとしても知られているうえ、海外釣行の経験もすこぶる豊富。

自身も、フライフィッシングの世界紀行などを単行本として何冊かにまとめ、出版している。

そのカメラマンに初めて写真を撮ってもらったのは、静岡県沼津市を流れる狩野川河口部で、シーバスフィッシングの雑誌取材を行ったときであった。

現場へ早めに着いたぼくは、カメラマンの到着を待ち切れず、やはり早めに到着していた編集者と連れ立って先に川へ立ち込み、ルアーをガンガン投げ始めた。

そうそう簡単にヒットする相手ではない。

1日中粘り強くルアーをキャストし続け、1尾か2尾ヒットすれば上々といったところ。できれば少しでも早く釣りを開始して、ベイトフィッシュやボラたちの有無、あるいは濃さなどをチェックしておきたかったのだ。

使用ルアーは、12センチのフローティングミノー。

ベイトフィッシュやボラの多い所を探し出しては、ひたすらキャスト&リトリーブを繰り返す。

1日中続ければ、優に500投以上になるのは間違いない。

ただひたすらキャストを繰り返し、ただひたすらリトリーブを続けることが、唯一無二の狩野川河口攻略法なのである。

当然この日も、持久戦で粘り抜くつもりだった。

ところが、予想に反して、開始早々、30分も経たないうちにシーバスがヒット。

しかも、手に伝わってくる感触からして、相当でかい相手であるのは間違いない。

編集者に向かって「きたよ」と告げたものの、告げられた編集者はどうすることもできない。

何せ、その状況を記録にとどめる役のカメラマンが到着していないのだ。

うーむ、困ったことになった。

このまま、カメラマンが到着するまでファイトを続けるか、あるいは先にキャッチしてしまい、ストリンガーにつないでカメラマンの到着を待って、手持ち写真だけでも撮ってもらうか……。

判断に迷いながら「それにしたってカメラマンが、あとどれぐらいで到着するのかも分からないしなぁ」と思いつつ何気なく後ろを振り返ってみると、何とはるか後方の土手の上にカメラマンの姿を発見。

しかも、すでに状況を察知したらしく、カメラを構え、何事もなかったように撮影しているではないか。

ぼくは水を得た魚のように、普段どおりのファイトを展開し、しばらくしてシーバスを岸辺に引きずり上げた。

その時にはすでに、カメラマンも間近に来ていて、ランディングの瞬間を写真に収めてくれたのだった。

メジャーを当ててみると、90センチオーバー。

しかも、でっぷり太っていて、ウエイトも十分にある。

このカメラマンに驚かされたのは、約束の時刻に遅れてやってきたことでも、クライマックスシーンでタイミングよく現れたことでも、ましてや携帯電話が普及しているにも関わらず頑として拒み続けていたことでもない。

何と、この千載一遇のランカーシーバスの手持ち写真を、わずか3～4カットしか撮らなかったのである。

もちろん、「いやぁ素晴らしいですねぇ。でかいですねぇ」といった最高の賛辞を送ってくれながらシャッターを押していたのだから、シーバスの価値を十分に理解しているのは間違いない。

ぼくの知っているカメラマンたちであれば、おそらく、最低でもフイルム1本分（36枚）はバシャバシャッとシャッターを押すに違いない。場合によっては、ここぞとばかり続けざまに2本分、3本分のシャッターを押すカメラマンだって珍しくない。

思わず、「それだけですか？」と問いかけてしまった。

すると、「そうです、これだけです。ぼくって貧乏性なんですよね。フイルムがもったいないからあんまりシャッターを押さないんですよ」とおどけながら答えてくれたのだった。

もちろん、貧乏性だのといった説明が冗談であるのは分かりきっている。

本当は、自分の押したシャッターには、写っている写真には、自信があると言いたかったのだろう。

本人の言う通り、後日現像されてきた写真の出来栄えは、素晴らしかった。

その後、何度か写真を撮ってもらう機会に恵まれたが、そのカメラマンの撮影ぶりにはその都度驚かされた。

そのひとつが、夜のシーバスフィッシングの撮影で、あまりストロボを使用しないこと。

しかも、数秒間のシャッターを手持ちのままで切る、という芸当をしばしばやってのける。

「中途半端な長さのシャッターはムリだけど、数秒にもなれば多少の手ブレは目立たなくなっちゃいますから」

異論のあるカメラマンも少なくないと思われるが、少なくとも度肝を抜かされたカメラマンのひとりであるのは確かなことである。

そして、もう1人。

こちらは、釣り雑誌とは縁もゆかりもない、野山の撮影を専門としたカメラマンである。

ぼくとの共通点は、「水」。

あるとき、そのカメラマンが、渓流や滝をテーマとした本を撮り下ろし、出版することになった。

その手伝いを頼まれたわけであるが、ぼくの仕事は、渓流でイワナとヤマメを釣り上げ、確保すること。

渓流写真のアクセントとして、釣り人や魚の写真を入れ込みたいというのがそのカメラマンの希望であった。

ならば、と、とっておきの渓流に案内することにした。

場所は、福井県の九頭竜湖に流れ込む、とある渓流。残念ながら今はすっかり様変わりして、面白みのない流れと化してしまったが、当時は澄み切った水がとうとうと流れ、周囲を取り巻く深い緑と絶妙に調和し、心安らぐ環境を作りあげていた。

前夜、勝山市の旅館で落ち合い、日本酒をいただきながら軽い打ち合わせをした。

外は、予報通り強い雨が降り続いている。

「こんな雨で本当に大丈夫なのでしょうか？」

心配して問いかけると、「雨では魚は釣れませんか？」と逆に聞き返されてしまった。

「いえ、あの、魚は大丈夫です。むしろ、雨はありがたいぐらいなのですが、写真がどうかとおもって……」

「写真なら大丈夫。こちらもむしろありがたいぐらいです。だってねぇ村越さん、乾き切った渓流の石や木の葉や植物なんて味気ないじゃあないですか。しっとりと雨に濡れた石や植物の方がみずみずしくて美しいと思いませんか」

確かにその通りである。

だれが見たって、乾き切った石より水に濡れた石の方がはるかに美しい。木漏れ日を浴びた木の葉やシダだって、艶やかな方が美しいに決まっている。

「でも、カメラは大丈夫なんですか」

「カメラ？　カメラなんて壊れたらまた買えばいいだけです。私が欲しいのは、美しい景色を焼き付けた写真なんです」

確かにそうである。

カメラを大事にするあまり、撮りたい写真が撮れないというのは、本末転倒以外の何ものでもないのだ。

翌日、相変わらず降り続いている雨に濡れながら渓流に分け入り、流れのど真ん中に三脚で固定されたカメラの前で、ぼくは釣りを行った。

そして、運良く釣れた良型のイワナとヤマメを撮影したのであるが、雨の日の山奥となれば薄暗いのは当然である。

水面に横たえた魚にレンズを向けるカメラマンに、おもわず「こんなに暗くて大丈夫ですか?」と問いかけた。

カメラマンはにこやかな笑顔をぼくに向けつつ、「大丈夫ですよ。わたしはいつだって小さな太陽を持ち歩いていますから」と言って、小さな小さなストロボをズボンのポケットから取り出したのであった。

以来、ぼくの取材釣行に対する姿勢は大きく変わった。

自然に逆らわず、ありのままをありのままに伝え、表現すること。

釣れた魚が大きかろうと小さかろうと、あるいは狙った魚が釣れようと釣れまいと、現実をできる限り忠実に伝え、感じたことを織り交ぜてゆく。

釣りを通して多くの人たちと出会えることが、ぼくは無性に嬉しいのである。

第7回

# 最後の1尾

## 釣り場を歩きながら「絶対釣れる。絶対釣れる」と、口に出して言い続けた

このところすっかり、どたん場ギリギリの釣り師となっている。

今に始まったことではないかもしれないけれど、最近は、なおさらその傾向が強くなってきているように思えてならないのである。

技術や精神力が低下し始め、釣果にありつくまでの時間が長く掛かるようになってしまったのか。はたまた逆に、釣果を得る力が徐々にアップし、厳しい状況の中でもどうにかこうにか獲物をキャッチできる確率が高くなってきているのか。

理由は、ぼくにはさっぱり分からない。2日間の取材なら2日目、3日間の取材なら3日目、4日間の取材なら4日目の最終日に、ようやく、本命魚にありつけるというパターンが続いているのだ。

はっきり言えるのは、この際どい展開を楽しみながら共有している、奇特なスタッフが少なからずいる、ということ。

「最後の最後。最終どたん場の釣果がいいですよね。ぎりぎりであればあるほど釣れたときに盛り上がりますから」

などと、無責任極まりない意見を平気で口にする。いやひょっとすると、ぼくに余計なプレッシャーを掛けまいとして、のしかかる不安を胸の内にしまい込み、さも楽しんでいる風を装っているのかもしれない。

ぼく自身はといえば、際どい展開を狙っているわけでも願っているわけでも、当然ない。そんな奇跡じみた事態がいつまでも起こり続けるわけはないのだから、一刻も早く、綱渡りのような展開から逃れたいと願っているのである。

理想の展開は、取材の度に、できることなら開始早々サクサクッと最低限の釣果をあげてしまい、残りの時間を使ってよりよい釣果を目指したり、新たな釣り場や釣り方を模索したり、時には、目に付いた興味深い魚たち（例えば、ハゼやマブナや堤防周りの小さなメジナたち）とのんびり戯れ、現地の釣りをたん能して帰ること。

無節操極まりない何でも釣り師のぼくの目には、垣間見るありとあらゆる釣りが、面白そうで、楽しそうで、魅力満点に見えて仕方ないのである。

通常ぼくが行っている、日数制限や時間制限のある取材釣行における釣りの組み立て方は、以下のとおり。

出掛ける場所の選定は、無作為、かつ、その時どきで「行きたいなぁ」と感じている釣り場。

未体験フィールドを選ぶこともあれば、すでに何度か出掛けている土地を選ぶこともある。何度か出掛けた釣り場なら、現地に釣り仲間ができているケースが多いため、その仲間たちから状況を教えていただき、そのうえで出掛けることも少なくない。

いずれの場合も、現地に着いたら、天候や状況をよく見て、それから始まる数日間の釣行の組み立てをざっくり想定したり、現地の仲間たちと話し合ったりすることから始める。

では、ヒラスズキを狙ってあるエリアを数日間かけて攻めてゆく場合の、典型的な村越正海パターンをお話ししよう。

すでに記した通り、現地に到着したら、風の向きや強さをチェックしながら、地図や航空写真(または現地案内人の指図)を頼りに、何はともあれ、めぼしい釣り場に立ってみる。

そこで実際の風の向きや強さ、サラシ、潮位、ベイトフィッシュの有無、潮色、流れなどをチェックし、頭の中にインプットしておく。

その、インプットしたデータをベースとして、次の釣り場へ出掛けることになるのだが、波が大きすぎるようならうねりがまともにぶつけていない方向の釣り場へ、サラシが乏しければ風がまともにぶつかっているであろう釣り場へ向かうのが基本だ。

そして、その釣り場でも、同様のチェックを行う。

最も重要なのは、その時刻の潮位で、釣り場がどれぐらい水を被っているか、あるいは露出しているか、そして、風の強さとうねりの大きさ、サラシの厚みをしっかり把握しておくこと。

次に同所を訪れる際の、ベストなタイミングを計るためである。

そして、常にチェックしておかなければならないのは、ベイトフィッシュの有無。海を眺めているだけでベイトフィッシュの存在を確認できることはめったにないため、これについては実際にルアーをキャストし、ゲームを展開しながら行わなくてはならない。

ルアーがサラシの中や根周りを通過する際に驚いてワワッと飛び出す小魚がいないか、サラシが広がった際に右往左往している小魚がいないかなど、ヒラスズキのことばかりをイメージしつつゲームを展開するのではなく、常にベイトフィッシュの存在に気を配る習慣を身に付けておくことである。

こうして、色いろなデータをインプットしつつ、できるだけ多くの釣り場、あるいは予め目星をつけておいた釣り場をめぐり、釣るためのゲームの組み立てを少しずつ作り上げてゆく。

これら、いわゆるプラクティスに当たる釣り場めぐりは、できることなら24時間かけて行うのがベストである。

すなわち、正午から次の日の正午にかけて、一通り釣り場を見て回ることによって、次の24時間の組み立てがしやすくなる。

例えば、初日の夕刻にいくつかの釣り場を見ておけば、次の日の夕刻に狙うべき釣り場が見えてくるし、初日の状況によってヒラスズキを狙い撃つための攻略パターンも絞り込める。

同様に、夜、早朝、日中といった具合に、初日の経験を全て、2日目の実践に役立たせるのである。

24時間分のプラクティスは、次の24時間のゲームの組み立てを効率よくすることができる。

さらに48時間の経験は、次の24時間の組み立てをより一層濃密にしてくれる。

当然、実釣を繰り返せば繰り返すほど、釣り場を絞り込むことも、ターゲットに接近することもたやすくなるのである。

その課程がぼくは大好きで、どこへ出掛けても、絞り込みのためのデータ集めをとことん楽しんでいる。

従って、それは極めて当然のことではあるけれど、時間が経てば経つほどターゲットに接近できるうえ、狙い撃つ自信が大きくなってくる。

そう考えてみれば、釣果が後半戦に偏ってくるのは当然のことであるが、だからといって最終最後になる必然はないし望んでもいない。

最終日を迎えるまでの段階で、よい状況に遭遇することもしばしばあるのだから、もう少し早く、時には開始早々、サクサクッと釣果にありつけてもよいハズなのだ。

それとも、知らず知らずのうちに、そこそこ釣り場や狙い方が絞り込まれたにもかかわらず、あえてそこへ突入せず、別の可能性を求めてデータ集めに奔走しているというのだろうか。

それにつけても、釣果のないまま最終日を迎えるというのは、精神衛生上極めてよろしくない。

ぼくはぼくなりに、スタッフはスタッフなりに、そして案内人はおそらくぼくたち以上に、「もしもこのまま釣れなかったら……」などと考えては、キュキュッと心臓を縮ませ、クラクラとめまいを起こしぶっ倒れそうになるのを堪えつつ、次第に緊張感が高まってゆくことになるのである。

気配を感じつつ最終日に向けて絞り込みが出来上がってゆく場合は、まだよい。

ほとほと困るのは、今号（編柱：『ルアーマガジンソルト2007年1月号』のカラーページにある対馬釣行のように、歩けども歩けども、探れども探れども、一向にヒラスズキの気配も、ベイトフィッシュの気配も感じられない場合。

風やサラシといった自然状況以外、魚に関するデータは何一つ得られず、最終日に突入してもなお、釣り場を絞り込むことができなかったのである。

そんな時は、気配なしというデータをデータとして活用するために、消去法でゆくしかない。

とことん攻めても一向に気配のなかった釣り場はもちろんのこと、その海岸線一帯を候補から外してゆき、残ったエリアに望みをかけるのである。

そして、最後の最後まで集中力を欠かさないこと。その追い込まれた際の集中力が、奇跡を呼んでくれるケースが少なくない。

対馬で最終日の朝マヅメに敗れ、もはや諦めずに粘る以外、打つ術をなくしたぼくは、釣り場を歩きながら「絶対釣れる。絶対釣れる」と口に出して言い続けた。

そのおまじないが功を奏したのか、奇跡の1尾を手にすることができたのだった。

1人の集中力に勝るのが、スタッフ全員の集中力。

テレビ撮影の時など、4～5人のスタッフ全員が「釣れてくれ」と心の底から望み、集中したときには、決まって奇跡が起きるものなのである。

もちろん、逆もまた正なり。スタッフの気持ちが釣りから離れてしまうと、ぼくのテンションも急激に低下し、もはや奇跡は起こらなくなってしまう。

そんな難しい駆け引きは抜きに、スカッとイージーに釣れてくれる魚が、どこかにいないものだろうか。

第8回

# 思い出のルアーたち

## 惜しまれつつ消えていったダイワ製ソルトルアー

もう使わなくなった古いタックルボックスの中に、もう使わなくなった古いルアーがぎっしり詰まっている。

部屋の片隅に眠っていたかつての相棒は、3段トレーの「プラノ5630」。釣り具部屋の隅を突つき突つき探し物をしている最中に、ふと、ベージュとブラウンのツートンカラーが目に止まり、懐かしさのあまりその場に座り込み、ふたを開けてみたのだった。

出てきたルアーは、ほとんどが夜の狩野川に日参していたころのもので、ひとつひとつに思い出が染み込んでいる。手探りでシーバスフィッシングを模索していた、過日の記憶が瞬時によみがえり、ぼくはしばし、若かりし頃の追憶に、ふわふわと心地よくふけることになったのである。

レーベル、ラパラ、コットンコーデル、ボーマー、ダイワ、オリムピック……。

レーベルは、ストレートミノーとジョイントミノーがほぼ同数。サイズは、9センチと11センチ。カラーは、シルバーボディのブルーバックと、ゴールドボディのブラックバック。当時、もっとも信頼を寄せていたルアーたちで、使用頻度が高く、当然数多くのシーバスを釣り上げた。

中でも一番のお気に入りは、9センチのジョイントミノー。カラーは、シルバーブルー。ストレートタイプに比べ飛距離が出るうえ、キビキビとよく動き、根掛かりの多い狩野川において、ほどよいレンジをキープしてくれたつわものである。

7フィートのライトアクションロッドにカーディナル4番を組み合わせ、安物のナイロン12ポンドテストラインを巻き込み、その先にレーベルを結んで飽くことなく夜な夜なキャストを繰り返した。

振り返ってみれば、その頃からすでにカラーに対するあれやこれやのこだわりは薄く、やたらめったらカラーチェンジを重ねるようなことは一切なかった。

レーベルジョイントミノーの基本は、シルバーブルー。

ゴールドブラックは、多少打率は下がるものの、何となく大型がヒットしてくるような印象が強かった。言わば、ホームランバッター。

まあせいぜいその程度のこだわりである。

もっとも、色いろなカラーを試そうにも、ルアーをふんだんに購入するだけの小遣いもなかったのだから、落ち着くべくして落ち着いた結果ということなのかもしれない。

やはり、現在のぼくのカラーに関する無頓着さは、すでにその頃染み付いてしまったものに違いない。

ラパラは、フローティングミノーの9センチと11センチ。カラーは、シルバーブルー、ゴールドブラック、そしてゴールドレッド。

13センチを使用していた記憶もあるが、全て根掛かりで失ってしまったのか、タックルボックスの中に見つけることはできなかった。

9センチのジョイントミノーもふたつ目に付いたが、このルアーに関しては、あまりよい結果をあげた記憶がない。

レーベルジョイントミノーに比べ、潜行レンジが若干深く、オーバーアクションでリトリーブ時の抵抗が大きすぎて、狩野川の流れの中では引きづらかったのである。

ともあれ、登場回数がそれほど多くなかったのは確かなことだ。

ラパラ製品の中で使用頻度が高かったのは、ストレートミノーの11センチ。細身のフローティングタイプで、アクションの安定度はずば抜けていた。

お気に入りのカラーは、レーベルミノー同様、シルバーボディのブルーバック。ゴールドボディのブラックバックもしばしば使用した。

ラパラ製品の印象は、値段が高かったこと。レーベルジョイントミノーの9センチが650円で、ラパラのストレートミノーの11センチが、およそ2倍。

その高いラパラを奮発して購入し、うきうきしながら釣り場へ出掛け、ラインに結びゲームを展開すると、使い始めた直後にあっさり根掛かりで失ってしまうケースが多かった。バランスがよいだけに流れの中でもしっかり潜り、結果として川底の石やゴミに引っ掛かってしまっていたに違いない。

欠点は、その、根掛かりのしやすさと、軽いゆえの飛距離の乏しさ。

11センチのフローティングミノーを引っ張り出してハカリに乗せて計ってみると、3本のフックを含めた重量がわずか5グラム。

ちなみに前述のレーベルジョイントミノー9センチは、2本フックで9グラム。

飛距離に差がつくのは当然といえよう。

重さがそれほど違う理由は、レーベルがプラスチック製であるのに対し、ラパラがウッド製であること。

その高価なラパラを、本当はもっともっと使いたかったんだけどね。

次は、コットンコーデルのレッドフィン。

サーフや磯では、13センチのレッドヘッドがあまりにも有名であったが、狩野川でぼくが愛用していたのは、ジョイント9センチとストレートの9センチ。カラーは、いずれもゴールドブラック。

コットンコーデルのルアーっていうのは、ジョイントタイプもストレートタイプもレーベルミノーほど深く潜らず、水面直下を攻めるルアーとして重宝していた。

すなわち、ラパラやレーベルで根掛かりが頻発してしまうようなときに、迷わず使用していたわけである。

釣り場の水深が浅い場合。そして、元々は深いのに、潮位が下がって浅くなってしまった場合などなど。

そんな特殊な使い方をしていたにもかかわらず、なぜかどうしてか、レッドフィンには高確率で大型がヒットしてきた。

ぼくたちの仲間内では、大物キラーと呼ばれたルアーのひとつなのである。

他にも、ボーマー社のロングA11センチ、ダイワ社のロビン10センチ、オリムピック社のフレクトライトミノー9センチ、11センチなどが目に付いた。

フレクトライトミノーにはジョイントタイプとストレートタイプの2種類あって、圧倒的人気を誇っていたのはジョイントタイプ。

ストレートタイプはリップのつけ方がいい加減でかなりの割合で左右どちらかにずれていた。従って、しっかり泳ぐ個体を探すのが大変で、その結果として細かな狂いに影響を受けにくいジョイントタイプに人気が集中していたのかもしれない。

それでも実績は抜群で、このルアーのお陰でトロフィーサイズのシーバスを手にした人は、決して少なくないに違いない。

そういえば、ファイト中にジョイント部分が壊れやすく、予めヒートンのねじ込み部分に瞬間接着剤を垂らして使用するのが常識だったことを思い出した。

まだまだこのプラノには、有名無名のメーカー品や、ぼく自身がバルサを削って作り上げた懐かしいルアーたちがぎっしり詰まっている。

そっとふたを閉じて思い出ごと閉じ込め、再び部屋の片隅に戻しておいた。

再び何かの機会に見つけたときも、おそらく、今回と同じような心地よさを感じることができるに違いない。いやひょっとすると、年を重ねた分だけ、輝きを増しているのかもしれない。

さてさて前号の本誌内で、３人の名手による「絶版ルアーセレクト」という記事を興味深く観させていただいた。

そこで、1号遅れの身勝手プチ企画、「村越正海発、惜しまれつつ消えてしまったダイワ社製ソルトルアー」をお贈りすることにしよう。

ひとつは、『TDソルトバイブレーション』。

「えっ、それってもうないの。いつの間に消えてしまったの？」と驚く人がおそらくいるくらい、ごく最近、絶版となってしまったルアーである。

元々は、一世を風靡した東京湾シーバスジギングの秘策として作られたものであるが、やがて、干潟のやや沖合、水深にして5〜10メートルあたりの大型シーバスの狙い撃ちに欠かせないルアーとなった。

ぼくは今でも、秋の干潟で、船からシーバスを狙う際に愛用しているのであるが、ふと気付けば手持ちの数が乏しくなってきている。

釣具屋で見かけたら、買い占めるしかあるまい。

もうひとつは、『TDソルトシャッド』。

こちらはもう何年も前に姿を消してしまっているのだが、ちょくちょく、タックルボックスから拾い上げては使っている。

全長わずか9センチの小粒ながら、飛距離が出て、キビキビとよく動き、しっかりレンジをキープするという優れもの。

使用目的は、磯とサーフのゲーム。

磯では、ヒラスズキにも使えばマルにも使う。

サーフでは、小さな川の流れと波がぶつかり合っている1点に止め、流れで泳がせつつアタリを待つという必殺パターンに使用する。

これもまた、釣具屋で見かけたら放っておくことはできまい。

それにしても、過ぎた日々や消えたモノを懐かしむような年齢になってしまったということか……。

第9回

# ＮＨＫにモノ申す！

## ＮＨＫの悪しき体質が、白日のもとにさらされるまで、徹底的に戦い続ける

先般、気の置けない仲間たちと話し込んでいる際に、ＮＨＫ受信料のことが話題に上がった。

３人のうちで受信料を払っていたのが、ぼくを含む２人。１人はあるときを境に支払いを止め、現在にいたっているとのことであった。

あるときというのは、本人の説明によれば、ＮＨＫの取材チームとともに仕事をした際、取材班の飲食にかける費用が驚くほど膨大で、民間メディアのそれとは比べものにならなかったのを目の当たりにしたとき。以来、受信料を払い込むのがばかばかしく感じるようになり、帰宅後すぐさま払い込み拒否の手続きを取ったのだという。

実際、受信料を払っていない人は予想以上に多い。おそらく、今この項を読んでいただ

いている読者の中にも、相当数含まれているに違いないのである。

ぼくが受信料を払っているからといって、未払いを決め込んでいる人々を弾劾するつもりも揶揄するつもりも毛頭ない。いやむしろ、逆。お役所体質にも似た、NHKの構造そのものが白日のもとにさらされるまで、徹底的に戦いつづけていただきたいものであると、心からお願いしたいほどなのである。

ここ数年、NHK内部の不正経理がたびたび発覚し、それを多くのメディアが取り上げたことによって、受信料の支払いを拒否する人が激増したのは、ご存知のとおり。

これだけ不払い者が増え、これだけ収入が減ってしまったら、番組作りもままならないのではないか、などと同業者の端くれとして心配してみたりもしたのだが、その気持ちをあざ笑うかのように、さらなる不正が発覚したりするのだから事態は深刻である。もはや、愕然とするばかりである。

そもそも、NHKの番組製作には、膨大な取材経費が湯水のごとく充てられているのをご存知だろうか。

業界人がしばしば例えに使うのは、花が開花するまでの過程を撮影しようとした際の、民放とNHKのカメラの回し方の違い。

例えば民放が撮影を行うとすれば、開花するまで、ある一定の間隔で数分ずつ撮影して行くのが普通である。

花が開花してゆく過程を視聴者にイメージしてもらうためには、段階的に撮影し、時系列を短縮した状態で視聴してもらうのが手っ取り早い。撮影は、経費の面からも必要最小限に止めておくことになる。

同じ撮影をNHKが行うとすると、仮に放映時間が同じだとしても、花がしっかり開花するまでの間は、カメラは回しっ放しとなる。フィルムやバッテリーを交換するとき以外はひたすらカメラを回しつづけ、必要な部分だけを切り取って放送するのである。

真偽の程は定かでないが、何度かNHKテレビの取材に参加した身としては、十分頷ける話と受け取ることができる。

要は、民放のテレビ取材に比べると、NHKのそれは、無制限と錯覚するほどの予算をもって行われているのである。

では、こんな話はいかがだろう。

以前、NHK教育放送の趣味を扱った番組に出演したことがあった。

テーマは、もちろん釣り。

釣りのシリーズの企画作りに参加していたこともあって、内容についてはスタッフと逐一打ち合わせを行ったうえで取材をし、無事に放送を終えた。

それで全て終焉となればややこしい問題は起こらないのだが、再放送や、地方局、BS、CS、あるいはケーブルテレビといった他の放送ラインにNHKが番組ごと販売するケースが少なくない。

当然、番組の再使用に伴い、再び出演者の承諾を得る義務と、ギャラの支払いが派生するわけであるが、その額が、笑いがこみ上げてくるほど少ないのである。

番組の2次使用などを扱っているのは、（株）NHKエンタープライズ。

担当者の女性から電話があったのは、06年7月のことであった。

「もしもし村越先生でいらっしゃいますか」

「はい。先生ではないですけど村越です」

「先日資料をお送りしてあったとおもうのですが、出演していただきました番組を『モバイル放送』に販売するにあたり、承諾をいただきたいというお願いなんですが」

「はいはい、ちらりと拝見しましたが、随分と安い金額が書かれていましたねぇ」

「すみません。なにぶんNHKは営利目的の番組販売をしているわけではないものですから、非常に恐縮です。なにぶん趣旨をご理解していただけないかと……」

「本当はイヤと言いたいところですが、共演者の方々にご迷惑がかかるといけないので、承諾書は書かせていただきます。ただし、その金額を何かの形で公表させていただくという条件でいかがでしょう」

「えっ。上司に相談してきますので少々お待ちください」

しばし受話器を握り締め、待ったのち、

「分かりました」

という返事を聞くことができたのだった。

おそらく、承諾書を受け取ることが最優先で、他のあれこれはこの際どうでもよいと判断を下したのかもしれない。

いずれにせよ、美しい声の女性担当者は、ぼくの要望と差し替えに、承諾書を手に入れることができたのだった。

ぼくがいやいや承諾した番組販売による出演料は、30分番組3本合わせて、1539円。内訳は、@560円が2本分、@500円が1本分。

しかも500円分の1本は、最低保証金額の@500円を下回ってしまったために適用された金額であるとのこと。

〆て1620円に消費税81円が加算され、162円の源泉税が引かれ、最終的に1539円が振り込まれることになる。

天下のNHK30分番組の2次使用ギャラが、わずか500円前後とは、一体全体どういうことなのか。

怒りも、恥ずかしさも通り越し、もはや笑いがこみ上げてくるほどである。

営利目的ではない⁇ ので仕方ないか……。

小学生のお小遣い程度とおもわれる安いギャラとは別に、大人の仕事として首を傾げたくなるような横暴さに直面したことも何度かあった。

前記番組を制作するにあたり、事前に、番組をビデオ化したりしないという約束（文書によらぬ口約束であったが）を交わしていた。

番組放送後数ヶ月が経った頃、突然関係者から電話が掛かってきて、「パッケージに使用する写真を早急に送ってください」と伝えてきた。

何のことやら理解しかねていたぼくが、

「いったい何のことでしょうか」

と尋ねると、

「ビデオです。ビデオのパッケージに使用する写真が欲しいんです。急いでいますのでよろしくお願いします」

と畳み掛ける。

「いったいどういうことなのでしょうか？」

と恐る恐る尋ねてみて初めて、放送した番組に若干の手が加えられ、ビデオとして販売されるらしいことがわかったのである。

「それは困ります。すでに同じような内容のビデオを他社で作り上げてしまっていますから。内容が完全に被ってしまいますし、売り上げの潰しあいになってしまいますから」

事前に話し合った内容と現状を細かく伝え、再考を促したが、すでに聞く耳を持たぬ担当者は、押しの一手でぐいぐい迫ってくる。

「では、プリ編（本編集をする前の仮編集の段階）で一度内容を確認させてください。そのうえで、完全に内容が被っているところを指摘しますので、その部分だけ編集しなおしていただくということではいかがでしょう」

それが、唯一無二の解決策とおもわれたのだった。

「了解いたしました。それで結構です。ありがとうございます。プリ編が出来上がり次第テープを送らせていただきますのでチェックしてください。お願いします」

それからしばらくの間、テープが送られてくるのを、首を長くして待ちつづけた。

やがて、日々の釣りにのめりこみ、時間に忙殺され、いつしかビデオのことなど頭の隅に追いやられてしまった頃になって、「銀行口座にビデオのギャラを振り込みました」という内容の郵便が届いた。

結局、プリ編テープが送られてこないままにビデオが完成し、完成したビデオさえ送られてこないままにギャラだけが振り込まれた。

ＮＨＫってそんなものである。

営利目的ではないからと予算がない風を装っては出演ギャラを叩きに叩き、湯水のごときふんだんな予算で番組を制作する。

いや、一連の問題から察するに、制作費さえ絞って、高級料理店で飲み食いするための金をせっせとプールしているのかもしれない。

その湯水のごとき予算の出所は、言わずと知れた放送受信料。

大切な受信料を使いたいだけ使って、明らかに釣りの知識が乏しいディレクターの作った番組など放送するんじゃないぞ！

そんな番組を見かけたら今度はぼくも、受信料の不払いを真剣に考えるとするか。

第10回

# 取材でなくても当然、釣りをする

## 趣味であろうが仕事であろうが楽しいことには変わりはない

テレビや雑誌といったメディアの中で釣りをしているために不特定多数の方々から、おもわぬ場所でおもわぬ時に声をかけていただくことが少なくない。

そんな時、「村越さんの釣りは楽しそうでいいですね」と言われることがありがたい。現場で楽しんでいるぼくの気持ちが、観ている方々にもそのまま伝わっていると知ることができるからだ。

そう声をかけられた時には決まって、「楽しそうではなく、楽しいんです」と返すことにしている。「ぼくは役者じゃないから楽しくないのに楽しい風にはできません。だから現場で楽しませていただいているのです」と付け加えることもある。

そもそも、釣り人の中で、いやいや釣り場に出掛けている人などいるハズがない。辛くていやだけど、仕方ないから釣りに行っていますなどという話は聞いたことがないのである。

そりゃあ厳しい自然の洗礼を受けてうなだれてしまうことだって時にはあるだろうが、それもまた釣りの面白さ。全てひっくるめて楽しい遊びなのではないだろうか。

では、それを仕事にしたらどうなのか。

仕事ゆえの厳しさや、取材に対する責任感を意識しなければならないのは当然のことであるが、だからといって釣りそのものがつまらなくなってしまったり、辛くなってしまったりするわけではない。

釣りは釣り。

趣味でやろうが仕事でやろうが、楽しいことに変わりはないのである。

同じ、神奈川県小田原市在住の作家で、夢枕獏さんという釣り好きがいる。

地元の酒匂川へぶらりとアユ釣りに出掛けた際にバッタリ出くわしたり、年末の納竿カワハギ釣り会で竿を交えたり、過去には某テレビ局の釣り講座で共演させていただいたりもした。釣りに関するエッセイ集『本日釣り日和』（中央文庫）にいたっては、巻末に「解説」などを書かせていただいてもいる。

その獏さんのインタビュー記事を何かの雑誌で拝見し、ナルホドと納得させられたことがあった。

獏さんは、超が付くほど売れっ子作家で日々多忙を極めている。多くの連載を抱え、多くの書き下ろしを抱え、自由な時間など絞り出せない生活を送っている……、ハズなのに寸暇を惜しんで趣味の釣りやら格闘技観戦やらへは積極的に足を運んでいるのだ。

その勢いたるや、ぼくより6つも年上の立派なオジサン（失礼）とは到底おもえないのである。

そんな忙しさだから、遠征釣行へ出掛けても、夜な夜な締め切り原稿と戦うことになるのは悲しいところ。寝ずに原稿を書き上げ、そのまま釣りに出るなんてことも少なくないハズだ。

それほど多くの締め切りに追われたら、さぞかし辛いことだろうと勝手におもっていたのである。

ところが、件のインタビュー記事の中で獏さんは、「1番の趣味が書くことで、2番目の趣味が釣りです」と、確かそんな風に答えていたのであった。

さらに、「書くことが1番の趣味ですから、仕事でなくとも書きつづけているとおもいます。締め切りが決められているから仕事って感じですが、書くことは楽しい限りです」

てな内容のことをしゃべっていたのではなかったか。

細部にいたっては全く自信はないが、まあ、概ねそんな内容だったことは間違いない。

要は、「締め切りがなくてもきっと書いている」という点に共感を覚えたのである。

ぼくもしばしば、「村越さんは取材以外でも釣りに行くんですか」と問われることがある。

ぼくにしてみれば、「当然じゃないか」と言いたくなるのだが、なるほど、視聴者や読者にしてみれば、村越正海にとっての釣りは、仕事として映っているということになるのだろう。

好きなことを仕事にする。

あるいは、趣味をそのまま仕事にする。

「お気の毒に」と、同情を投げかけられたりすることも少なくないが、残念ながら申し訳ないぐらいに楽しい。

その辺りのくだりについては、本誌創刊号の本連載ページ、1回目の原稿でとくと書かせていただいたのでここでは触れずにおくことにする。

では、趣味の釣りと仕事の釣りの相違点は何か。

獏さんの言う、「書くことにおいて趣味と仕事の違いは、締め切りがあるかどうかだ」とすれば、釣りにおいては、「釣果のあるなしに関わらず楽しいのが趣味の釣りで、取材者の求める釣果を上げなくてはならないのが仕事の釣り」ということになるのだろうか。

いや、よくよく考えてみればそうでもないなぁ。

「釣れそうもなければ早々に引き揚げるのが趣味の釣りで、どんな場合でも可能性を求めてとことん粘るのが仕事の釣り」

それも違うようにおもう。

「釣れなかったときにだれにも迷惑のかからないのが趣味の釣りで、迷惑をかけてしまうのが仕事の釣り」

それもまた、正しくはないか。

結局のところ、両者の区別をきっちりつけるのは難しい。それゆえ、釣りという仕事は、釣りという趣味に限りなく近いのかもしれない。

前号のカラーページでご覧いただいた通り、早くもというか、ついにというか、取材釣行において釣果ゼロという失態を演じてしまった。

取材という仕事の釣りで現場へ出掛け、まるで釣果があがらないなんてことは、めったにあることではない。

ただし、めったにないことではあるのだが、あることもまた紛れもない事実。

あの天才打者イチローだって10回打席に入って6回は打ち損じてしまうわけだし、松井秀喜にしたってそう大差はない。

ボストンへ飛んだ松坂大輔だって、常に完封できるわけでもないだろう。

日々変化する大自然の中で、自由奔放な魚を相手にしているのだから、釣れないことがあったとしても、それはむしろ当然のこととぼくは考えているのだ。

肝心なのは、1日では釣れないとしても、何日か粘って必ず釣るということ。イチローが3回打席に入れば、概ね1回はヒットを打てるだろうといった想定と似ている。

その、確実に釣果にありつくべき日数設定を、あろうことか読み違えてしまったということなのだ。

そんなとき、釣果をあてにしてページを組んでいたり、放送を組み込んでいた担当者には多大な迷惑がかかってしまうことになる。

ただし、現場で1尾を追い求めるぼく自身は、取材記者に忍び寄り襲いかかるノーフィッシュの恐怖とは裏腹に、相変わらず楽しい。

最後の最後まで緊張感がつづくのは、最後の最後まで目的の魚が釣れないからに他ならない。

もし仮に、早々と目的の魚が、目的の数だけ釣れてしまったとしたら、ぼくはきっと、別の釣りものに手を出してしまうに違いない。

現場においては、ぼくにとってはそれが最も楽しいことと感じるに違いないからだ。

さて、追っても追ってもめぐりあえない相手を、さらに追いつづけることの面白さが、読者の皆さんにどれほど伝わっているのかは、はなはだ疑問である。

なぜなら、それは取材釣行であるがゆえに、仕事の釣りであるがゆえにモチベーションを維持しつづけられる部分でもあるからだ。

すなわち、仕事であるがための厳しさがある代わりに、仕事であるがための楽しさもあるということである。

少なくともぼくは、その全て、諸々が楽しくて仕方ない。

釣れようと釣れまいと、苦戦しようと楽勝だろうと、編集者が困ろうと（ゴメン！）喜ぼうと、天気が良かろうと悪かろうと、寝不足だろうと徹夜だろうと、トコトンだろうと悠々だろうと、ありとあらゆるその全てが心地よく感じられる。

読者の皆さんも、ぼくが殊勲を手にした際の成功の軌跡ばかりでなく、悪戦苦闘ぶりをとくとご覧いただき、楽しんでいただきたい。

ただし、同情は要らない。

なぜなら、苦悩しつつもぼくは、必ずや現場でのびのびと楽しんでいるからである。

そんな自由な釣りにお付き合いいただいている雑誌やテレビの関係者には、どれほど感謝してもしきれないとおもっている。

できることといえば、ただひとつ。楽しく釣ること！

釣りはどこまでも楽しく、どこまでも奥深いものだなぁ、と、つくづく感じる今日このごろである。

第11回

# 釣りを仕事にするために

## 腹をくくり、精一杯取り組めば、一線で活躍できるチャンスが大いにある！

釣り人の中には、できることなら釣りを仕事にしたいと思っている人が少なからずいるのではないだろうか。

仕事の内容をいくつか具体的に挙げてみれば、雑誌やテレビ番組の取材で釣行したり、あるいは釣行記をつづったり、釣り方の説明記事や釣り場ガイド、情報記事、そして時にはちょっぴり、秘密の手の内を書いたりしゃべったりといったことになる。

ではどうやったらその世界に足を踏み入れることができるか？　と考えれば、はるかかなたの頂を目指し、霧にかすんだ険しく長い道のりをさ迷い歩き続けなければならぬようにも思われるが、実はそれほど難しいことではない。

ぼくは、職業としての釣りについて、常々「門戸は広く開かれている。続く道は細いけれど、決して険しいものではない」と表現することにしている。

門戸が広く開かれているというのは、その気になればだれでも比較的簡単に入り込める世界であるという意味。

例えば、アナタがフリーランスのライターとして、どこか釣り専門誌以外の雑誌に何かしら記事を書いてみたいと考えたとしよう。ところが、実績のない、シロートの記事を無条件で掲載してくれる雑誌社などおそらくない。

ライターとして雑誌に記事を書かせてもらうには、狭き門をくぐり抜けねばならぬのである。もちろん、シロートの文章が許容されるわけもない。少なくとも、基本文法程度の勉強をこなしておかなければならないのは当然のことだ。

なぜなら、雑誌に関わっている全ての書き手が、プロのライターか編集者などであるからだ。

すなわち、ごく一般的にいえば、雑誌というのはプロのつづった文章の集合体ということになるのである。

それに引き換えほとんどの釣り雑誌は、アマチュアの書いた文章の集合体といえる。

従って、文章の良し悪しはおろか、実績の有無さえ問われることもそれほどなく、比較的簡単に、釣行記などを掲載してもらうことができるのだ。

実際に門をくぐってみようとおもうなら、大物を釣り上げたときなど、喜びと興奮を素直に、できるだけ簡潔な文章に仕上げ、日頃愛読している釣り雑誌の編集部あてに送ってみるとよい。その際、写真があるに越したことはないので、釣行の際はこまめに写真を撮る習慣を身に付けておくのも重要なことだ。

（ただし、本誌をはじめ、一般投稿《持ち込み原稿ともいう》を受け付けていない雑誌社もいくつかあるので念のため）

さらに、少々飛躍した話ではあるけれど、タレントでもない釣り人が、あるときはたったひとりでテレビ番組に出演してしまうというのも、異例である。いくら釣りの技術に長けているからとはいえ、しゃべり方の基本さえ練習していないシロートが、30分、そして時には1時間、堂々とテレビ番組に出演してしまうのだからこれもまた考えてみれば相当特殊な世界といえなくもない。

かように、「釣り」という世界においては、各メディアに進出してゆくための門は広く開け放たれている。

それはすなわち、その気になりさえすれば、だれでも、比較的簡単に、仕事としての第一歩を踏み出すことができるという証しなのである。

ところが、踏み出すまではやさしいが、進む道はかなり細い。

幾百幾千の先人がしっかり踏み固めた広い道ではなく、切り開いたばかりの、ようやく通ることができる程度の細い道。

それはすなわち、何とか食いつないでゆくほどのお金を手にすることはできるけれど、夢が花開くような希望に満ち溢れているわけではない。

少しずつ、少しずつ、確実に広がりつつあるのだけれど、まだまだ胸を張って世間に吹聴できるような、プロフェッショナルのスポーツ選手たちと肩を並べて歩けるような道ではないのである。それが悲しくて、悔しくてならない。

ただし、そんな細い道であるからなのだろう、まだまだ真剣に取り組んでいる人が極めて少ない。それはすなわち、ライバルが少ないということ。腹をくくり、年月をかけて、精いっぱい取り組めば、一線で活躍できるチャンスが大いにあるということ。

必要なのは、釣りを職業とするために自らを駆り立てる精神力、体力や技術や情報力、文章力や表現力を向上させるためのたゆまぬ努力。

決意を持って真剣に取り組めば、必ずや道は開けるに違いない。

細いけれど、決していばらに覆われてはいないのである。プロとして歩むには、おそらく、どの道よりも平坦であろうと思われるのだ。

そういえば、全くの余談で申し訳ないのだが、そうそう、さらにソルトウォーターの専門誌に川の話題などを持ち出し益々申し訳ないのだが、今日、地元小田原にある酒匂川河川沿いをジョギングしている最中、実に悲しい光景を目の当たりにしてしまった。（ジョギングは、職業釣り師としての、ぼく自身の努力のひとつですね）

酒匂川下流部の水量はかなり乏しくて、実際の流れは川幅の3分の1程度。すなわち、真中の3分の1程度に水が流れていて、左右3分の1ずつはアシの密生した岸になっている。

その全てを合わせた川の両サイドはコンクリートで護岸され、2メートルほど高くなった河川敷には、サッカー場や野球場、サイクリングコースといった運動施設が構築されている。そして、さらにその外側は、数メートルの高さの護岸でまさかの出水に備えている。

ぼくがのんびりジョギングしていたのは、最初の低い護岸の上。サラサラ流れる透き通った水や、時折ポチャリと跳ねる魚の波紋を楽しみながら上流に向かって行くと、川岸にブルドーザーやらユンボやらが乗り入れ、泥をひっくり返し、おそらく新たに運び込んだのであろう土を、平らにならす作業の真っ最中であった。

密生していたアシは、かけらもない。ただ雑然と、無機質極まりない平らな泥の岸辺が広がっているばかりである。

ブルドーザーが引っ掻き回している辺りのほんの少し上流部には、酒匂川本流では数少ない、貴重な貴重な、マブナやヘラブナの釣れる、ちょっとした溜まり状の深みがある。そこにはさらに、コイやメダカやウナギやテナガエビやスッポンまでもが生息している。

おそらく数日後には、付近もブルドーザーで整地されてしまうに違いない。なぜなら、すでにアシの密生はきれいさっぱり刈り取られ、所々に測量用と思われる角材が立てられているからだ。

そして、さも優しげなデザインではあるけれど明らかに威圧的な、「中小河川改修工事」と大きな文字で書かれたでっかい看板がデンと据えられていた。

発注主は、神奈川県小田原土木事務所。

毎年何度か、台風時期の集中豪雨で川が増水し、最初の護岸を越えグランドが水びだしになってしまうことがある。当然、その下段の川岸などは、ちょくちょく茶色く濁った濁流に洗われる。

そんな川岸の整備に大金を投入したところで意味がないのは、だれにだって分かるハズだ。密生したアシを刈り取ってしまえば緩衝材がなくなり、渦巻く流れが直接護岸を洗うようになるだろう。

それより何より、フナやテナガエビたちの生息域まで埋め立てられてしまうのではないかと心配でならない。

そういった諸々。

釣りを職業とする人が多くなれば、皆で力を合わせ、自然破壊の愚行を少しは食い止められるようになるのではないか。

門戸は広く開かれている。続く道は細いけれど、決して険しいものではない。

『ルアーマガジンソルト 2007年5月号』に掲載された、瀬戸内海でのメバル釣行記事の取材時の1カット。各地でのメバル釣りは、職業釣り師としてのライフワークの1つ。

第12回

# 沖縄県、2尾目のヒラスズキ報告

## いやはや大変なことになったものである。ぼくは明らかに混乱している

沖縄県で今年3月に、またしてもヒラスズキが釣りあげられた。全長71センチ、体重3・8キログラム。場所は、本島北部に位置する伊是名島の仲田港。釣りあげたのは、島内在住の釣り人。

沖縄県内としては、昨年2月に久米島で釣りあげられた63センチに続く2尾目の快挙、2度目の驚愕である。

いやはや大変なことになったものである。嬉しいやら悲しいやら、ぼくは明らかに混乱している。1尾目のケースは、何か突発的な、偶然の出来事として聞き流すこともできる。しかし、2尾目が釣れたとなれば、そうもいっていられないからだ。

ヒラスズキの生息範囲、分布に関しては、大いに興味がある。

日本海側における北限は、おそらく石川県の能登半島。これは、長年の聞き取り調査によって得たデータを基に、多分そうであろうと推測し、随分前から公表しているもので、さらに北上する可能性がないわけではない。

確認している最北のヒラスズキは、能登半島の外海に面した猿山岬（門前町）で磯から釣れたもの。現物を見たわけではないのだが、石川県在住の信頼できる釣友から見せられた写真には、70センチ級とおもわれるヒラスズキが複数、ごろりと横たわり映っていたのだった。

同所における釣果情報は、他にもいくつかあり、それより北における釣果は今のところ聞いたことがない。しかし、地続きという観点からすれば、上大沢から輪島にかけての磯周りにも、そしてさらには能登半島最先端の珠洲岬あたりまで可能性があるのではないかと考えている。

そのあたり、今後じっくり時間をかけて調査してみようとおもっている。

視点を太平洋側に移すと、北限を特定するのがちょっぴりややこしい。

ぼく自身は以前から、千葉県銚子の犬吠埼あたりであろうと推測していた。

館山市から勝浦市にかけての房総半島南岸一帯に、ヒラスズキが多数生息しているのは多くの釣り人の知るところ。

黒潮の流れが南房に突き当たり、半島に沿って北へ流れるとすれば、犬吠埼あたりまでの魚は黒潮の恵みによるものだろうと考えられるからだ。

問題は、さらに北の鹿島港周辺でも実際にヒラスズキが釣りあげられていること。なぜ問題なのかといえば、それらがみな、発電所の温排水周りで釣りあげられていること。それを、分布を考える際のデータに含めるかどうかは、判断に迷うところだ。

例えば、静岡県の御前崎西側にある浜岡原子力発電所の温排水周りには、10キログラム以上に成長したロウニンアジが相当数いる。

死滅回遊の過程で偶然居着き、死滅することなくその場で何年も生き続け、成魚となった結果であろうことはだれにだって想像がつく。

そのロウニンアジを以って、分布の北限を論じることが無意味であることは、これまた、だれにだってお分かりいただけるハズだ。

では、鹿島港火力発電所の温排水周りのヒラスズキはどうか。

ロウニンアジとの最大の違いは、ヒラスズキの幼魚が、〝メッキ〟、すなわちロウニンアジの幼魚たちのように、黒潮の流れに乗って北上する死滅回遊魚ではないこと。

簡単にいってしまえば、生息域を越えて意味もなく回遊するとは考えられないのである。となれば、鹿島港のヒラスズキは、何かのタイミングでそこまで泳いで行き、そのまま暖かな（あるいはベイトフィッシュの豊富な）環境に居着いてしまったことになる。浜岡原発におけるロウニンアジの例とは、まるで意味が異なってくるのである。

太平洋岸におけるヒラスズキの北限を特定するのがちょっぴりややこしいといったのは、そんな理由があるからなのだ。

これもまた時間をかけてじっくり詰めてゆかねばなるまい。

そして問題の、南限について。

これは、日本海側も太平洋側もない。ただただ、どこまでヒラスズキが生息しているかだけが問題である。

昨年と今年の、沖縄における2例を別にすれば、これまでぼくは、鹿児島県の屋久島をヒラスズキの南限と考えていた。

ちなみにお隣の種子島にも、相当数のヒラスズキが生息している。ぼく自身、実際に出掛け、どちらの島でも自分の手で釣りあげている。両島に共通して嬉しかったのは、ヒラスズキの南限であり、ロウニンアジの北限であること。

破天荒なヒラスズキゲームを楽しむこともできれば、老かいなロウニンアジのショアゲームに挑むこともできる。

ルアーフィッシャーマンにとっての憧れが、共に現実のものとして、ターゲットとして、生息している貴重な島なのである。

さて、隣の口永良部島はどうか。これもまた興味深いところ。屋久島と種子島には川もあり、海に達する淡水の流れ込みがいくつもある。その2島にヒラスズキが生息していて、川のない口永良部島に生息していないとすれば、淡水の重要性に目を向けなければならない。

逆に、口永良部島にもヒラスズキが生息しているのなら、淡水の必要性はないことになる。かように、南限がほぼ確定できたところで、さらに細かいテーマに取り組もうと考えていたところであった。

そんな矢先に、久米島でヒラスズキが釣れたというニュースが昨年2月に飛び込んできた。そしてさらに、今年の3月には伊是名島でも釣れたというのだから今一度南限について考え直さなければなるまい。

2度に渡りヒラスズキ情報を伝えてくれたのは、沖縄県の釣具店「シーランド北谷店」に勤める儀保順一さん。付き合いの長い友人であり、釣り仲間でもある。

釣具店勤務という仕事柄、沖縄県内の情報には実に明るい。

以前、本島内のあちこちでスズキが釣れている、という情報を伝えてくれたのも儀保さんで、その時は本部の養殖イケスが台風で破れ、そこから逃げ出したタイリクスズキがあちこちで釣りあげられていたと判明し、一件落着となった。

相手がタイリクスズキなら、元々日本には生息していなかった魚だけに、ルーツを探るのは比較的たやすい。何はともあれ、周辺における養殖の有無や放流実績を調べればよいからだ。

しかし、相手がヒラスズキとなれば、これは一筋縄ではいかない。少なくとも、ヒラスズキを養殖しているという話は聞いたことがない。となれば、どこかのイケスから逃げ出したなどという理由もありえない。

かといって、沖縄に以前からヒラスズキが生息していたと考えるのも無理がある。魚を捕って暮らしている海人《うみんちゅ》が少なくない沖縄の海で、今までだれの目にも触れなかったと考えるのは、あまりにも不自然だからだ。

ましてや彼らの生息環境は、深海ではなく岸近くの浅場である。

それより何より、ヒラスズキに沖縄名がついていないのが、何よりの根拠といってもよい。

となれば、釣りあげられたヒラスズキは、どこからか移動してきたものと考えるべきであろう。

はるばる、どこかの海から回遊してきたヒラスズキが、偶然釣られてしまったものなのか。はたまた、すでに産卵までして数を増やしているものなのか。

それより何より、沖縄で釣りあげられたヒラスズキは本州のそれと同種なのか。
突きつけられた現実を前にして、興味も疑問も山積みとなった。
果たして、事実は小説より奇なるものなのだろうか。

愛竿、平狂とヒラスズキ。特定の魚種の生息域の南限、北限を特定する作業は困難を極める。釣り人は、その答えに近い存在でもある。

第13回

# スピニングリールの定番

## 何年使い続けても色あせない、定番の中の定番を目指したリール

ルアーフィッシングのタックルに多少なりとも興味のあるアングラーなら、『セルテート』というリールをご存知に違いない。

２００４年にダイワ精工㈱（編注：「現グローブライド株式会社」）より発売された、汎用性の高い中小型主体のスピニングリール。

その『セルテート』に関して今夏、いよいよ、スプールとハンドルの付いていない、ボディのみの販売が開始されることになったのである。

意図する点は、「カスタマイズ」によるムダを省くこと。

そもそもこのリールは、〝リアルフォー〟という、４つの特徴を前面に打ち出しデビューを果たした。

4つの特徴というのは、
①「駆動性能の高さ」（力の伝達ロスが少ないという意味）
②「操作性のよさ」（使用中のトラブルが少ないという意味）
③「耐久性」（丈夫で長持ちするという意味）
④「自由自在にカスタマイズできること」（自分流にチューンアップできるという意味）

4番目の特徴である「カスタマイズ」に関して、より細かい対応をしてゆこうというのが今回の目的なのである。

セルテート2500番を例にとってみれば、販売段階で装着されている標準スプールには、ナイロンモノフィラメントラインの3号が150メートル巻き込める。

ところが昨今、PEラインを使用する人が圧倒的に多くなったため、もっともっと浅ミゾの、ラインキャパシティの少ないスプールが求められるようになった。

となれば、標準スプールより、オプションパーツとして販売されている、「2508」や「2506」スプールが最適なのである。

ちなみに「2508」スプールのラインキャパシティは、PE1号が200メートル。「2506」スプールは、PE0・6号が150メートル。

面倒な下巻き作業など全くせずに、使用するPEラインをいきなりスプールに巻き始められるというのは、実に心地よいものである。当然、ラインがムダになることもない。

ぼくなどは、「2508」と「2506」スプールをそれぞれいくつかずつ用意していて、太さの異なるラインをそれぞれ巻き込んでおき、あらゆる状況に素早く対応できるよう準備万端整えている。

具体的な内訳は、PE1号を200メートル巻き込んだ「2508」スプールが数個、PE0・8号を200メートル巻き込んだ「2508」スプールが数個、そしてPE0・6号を150メートル巻き込んだ「2506」スプールが数個。

さらにハンドルは、マシンカットハンドルの50ミリと55ミリを愛用。ハンドルノブは、主にTシェイプノブ。

以上が、ぼく自身が実際に行なっているチューンアップである。

当然、こういったカスタマイズを行なえば、ノーマル仕様のスプールや折りたたみハンドルがムダになってしまう。カスタマイズを行なった際の標準装備品のムダは、何も釣り具に限ったことではなく、車のパーツ交換でも同様、これはもういたし方ないことなのかもしれない。

しかし、その、「いたし方ない」をいたし方ないままにせず、少しでもムダのないカスタマイズを目指そう、ということになったのである。

これはまた、『セルテート』というリールが、次々とモデルチェンジを繰り返す製品でないことの証明ともいえる。

何年使い続けても色あせることのない、定番中の定番を目指して作られたスピニングリールだからこその展開。メーカーの意気込みを感ぜずにはいられない。

振り返ってみれば釣りの世界には、どのジャンルにも、代名詞となるロッドやリールが存在していた。

磯竿の世界を席巻していたのは、NFT。イシダイ釣りには『17H』と『16H』。メジナ釣りには『12S』と『14』。モロコ釣りには『ジャンボ』、といった具合だ。

投げ竿の代表格は、オリムピックとNFT。全国的にみればオリムピックの普及率が高く、3・9メートルの『アマゾン』と4・2メートルの『キューバ』が代名詞的存在だった。投げ釣りのメッカである湘南・西湘エリアでは、ガイドやリールシートを自分の好みで取り付ける、ストリップ仕様のNFT『HI（ハイ）Ⅱ』と『HI（ハイ）Ⅲ』の人気が高かった。いずれも、カーボンロッドの登場以前、グラスロッド時代のことである。

もちろん、各釣りにおける代名詞的リールもあった。

イシダイ釣りでほとんどの釣り人が使用していたのは、ペンリール。具体的には、『ビーチマスター60』『同65』『ジグマスター500』『シルバービーチ99』といったあたり。

大物志向の磯師には、『セネター3／0』『同4／0』などがご用達であった。

さらにアブ社の『アンバサダー9000C』と『同10000C』、国産ではオリムピックの『ファイター340』『同380』など。

ペンリールにせよアンバサダーにせよファイターにせよ、イシダイ釣りをしている人ならだれ一人知らない人はいなかったほどの定番商品だったのである。

しかも、ペンリールとアンバサダーにいたっては、30年以上も前の定番が、今だ製造され続けているのだから頭が下がる。まさに、継続が力となっている良い例といえよう。

スピニングリールの代名詞といえば、国産では投げ釣り用のオリムピック『93型』とリョービ『プロスカイヤー』の2機種が双璧。

中小型では、アブ社の『カーディナル』が人気ナンバーワン。インスプールタイプの『3』『4』や、アウトスプールタイプの『54』『55』などにあこがれたりお世話になった釣り人は、いったいどれほどいたのだろうか。

淡水用としては、『ミッチェル308』『同408』。

アブもミッチェルも、キャリアの長いルアーフィッシャーマンならだれもが知っている、名品中の名品である。

ところで、両軸リールの定番が相変わらず製造され、愛用され続けているのに対し、スピニングリールは、そのほとんどが現在では姿を消してしまっている。

それは、当時と現在のスピニングリールの性能にあまりにも大きな差ができてしまっているため。

今現在、イシダイ釣りをするのに古いペンやアブ社製両軸リールを使用してもさほど違和感はないのだが、スピニングリールとなれば、同じ釣りを展開するのが不可能なほどの違いを感じてしまうのである。

スピニングリールがそれほど進化したともいえるだろうし、両軸リールの歩みが遅いということもできよう。あるいは、歴史の浅いスピニングリールがこの数年で飛躍的に進歩したのに対し、歴史の古い両軸リールはとうの昔に完成形に近づいていたとも考えられる。

さて、現在および未来を見据えたスピニングリールについて考えてみる。

国内釣り具メーカー大手2社であるダイワとシマノそれぞれに、いくつかの代表モデルがあるのはご存知の通り。

だれでもおもいつくのは、『トーナメント』と『ステラ』。

ともに、モデルチェンジを繰り返しつつも、名前を継承し続けることによって広く認知されるようになった商品である。

ただしこれらは、名前は継続しつつも中味が数年毎に変わってしまっているため、ペンリールやアンバサダーの例とは全く異なっている。

酷な言い方をすれば、どちらも「不滅の定番」というには程遠い製品なのである。

国産リールで長い間モデルチェンジをしていないのは、『ソルティガ』。中大型のみのラインナップではあるが、発売してからすでに6年が経過。製品としてこれといった問題があるともおもえないので、延えん作り続けていって欲しいものである。このまま同じモデルを継続し続けてゆけば、世界の定番になるのは間違いないとおもわれるのだが……。

同様に、中小型スピニングリールの定番を目指す『セルテート』のボディのみの販売開始は、『セルテート』そのものの発売開始当初から、関係者たちの念願のひとつであった。従来からの販売方式にとらわれず斬新な販売方法を目指すのも、釣り業界の苔むした体質を改善するよい機会でもあろうとおもわれる。

そして、デビューから3年経った今年、ようやくボディのみの販売が現実のものとなったのである。

願わくは、マイナーチェンジを繰り返したとしても、ペンリールやアンバサダーに負けない「不滅の定番」に育て上げていただきたい。

それより何より、日本の釣り具業界には、矢継ぎ早に新製品を作り出すばかりでなく、自信を持ってリリースした「よいモノ」を色あせさせず、長い間使い続けるといった価値観も見直していただきたいと願うばかりである。

さて、『セルテート』は「不滅の定番」の仲間入りができるかどうか。

第14回

# 世界基準で行こう！

## ソルトウォータールアーフィッシャーマンよ、誇り高きゲームフィッシャーマンであれ！

講演会や書き物でことあるごとに、ルアーフィッシャーマンが乱用する中途半端な米国流表記について触れている。

もちろん、どっぷりルアーフィッシングに浸かっているぼくとて同罪。自戒の意を込めてということになるのだが……。

例えば長さや距離の単位。

現在ルアーロッドの長さについては、どのメーカーも概ね、フィートとインチで表しているケースが多い。

幾度か四季を繰り返し、年月を経たルアーフィッシャーマンなら、おそらく、9フィートロッドは9フィートの長さ、10フィートロッドは10フィートの長さとしてイメージが出来上がっていて、9フィートは2・7メートル、10フィートは3メートルなどと換算したりする必要はなくなっているに違いない。

ロッドの長さに関して言えば、すでにフィートやインチといった長さそのものが、身についてしまっているのである。

ところが、米国内へ釣りに行き、ボートで釣り場に到着し釣りを開始しようとした時に、ガイドから「水深は73フィートです」などと言われたりすれば、突然あたふたとなってしまう。

9フィートや10フィートの長さは即座にイメージできても、70フィートや80フィートという長さ（距離）は、やっぱりメートルに換算し、初めてハハーンと理解できるあたりが実に悲しいのである。

重さの表記についても、同様のことが言える。

ルアーフィッシャーマンの中には、メタルジグ、ジグヘッド、シンカーなどのウエイトをオンスで表現する人が少なくない。メーカーもまたしかり。

オフショアゲームへ出掛けたりすれば、漁師あがりの老船頭さんまでもが、「メタルジグは4オンスでお願いします」などといったりすることがあるものだから、もっぱらグラム表現一辺倒のぼくなどは、驚いてしまうのである。

ところが、メタルジグのウエイトを10オンスだの15オンスだのと言っていた輩が、魚を釣り上げ「おっ、コイツは5キログラムぐらいあるなぁ」などと躊躇せず口にしたりするのは、考えてみればおかしな話ではないか。

ルアーのウエイトはオンスで表し、魚の重さはキログラムやグラムで表していることに、何の違和感もなくなってしまっているに違いない。その矛盾が、海外釣行において露呈することになるのである。

同様のことは、まだある。

ラインクラスとドラグテンションの関係。

ラインの強さに関しては、ルアーフィッシングが日本になだれ込んできた時点から、ポンドテスト表示が採用されてきた。

ルアーフィッシャーマンたるもの、ラインの強さは、ポンドテストで表すのが当然であるといった風潮が確かに漂っていたのである。もちろんぼくとて、それがカッコイイと感じていたし、おそらくルアーフィッシャーマンのだれもが、同じ気持ちだったに違いない。

しかし、振り返ってみればそれが大きな間違いだった。

その点に関して言えば、I・G・F・A（インターナショナル・ゲームフィッシュ協会）もまた、同罪である。

ポンドやオンスといった、いわゆる米国の慣用表記を当初の基準としてしまったことで、CGS単位を採用した国際ルールへの表記移行がとても不自然なカタチとなってしまっているのである。

ラインクラスに関して言えば、30ポンドテスト以下については、誤差が少ないという苦肉の判断で、2分の1のキログラム表示でクラス分けを行なっている。

具体的に言えば、30ポンドテストクラスは15キログラムテストクラス、20ポンドテストクラスは10キログラムテストクラスといった具合だ。

ところが、50ポンドテストは24キログラムテストとなり、80ポンドテストは37キログラムテスト、130ポンドテストにいたっては、60キログラムテストと、摩訶不思議な数値が基準となってしまっているのだ。

ラインの強さ表示に関しては、ぼくもしばしば頭を抱えている。

例えば、講習会などで、ドラグの強さ設定の話をすることになったとする。

使用ラインは、16ポンドテスト。

「えーと、16ポンドテストというのはキログラムに換算すると8キログラムテストとなりますから、ドラグ設定は、ライン強度の3分の1ということで、2・7キログラムになります」

と説明することになる。

「使用ラインが16ポンドテストだから、ドラグテンションは5ポンドぐらいにセットしてください」

と言えればどれほど分かりやすいだろう。しかし、ポンド表示のあるハカリなど、国内物ではまずあり得ない。

やはり、全てをCGS単位で統一するのが最良なのである。

「15キログラムのシイラを、16ポンドテストラインでキャッチしました」などといった表現が、「15キログラムのシイラを、8キログラムテストラインでキャッチしました」となるよう、ぼくたちは早々に頭を切り替えなくてはなるまい。

もちろん、I・G・F・Aルールにおけるショックリーダーの長さ規定が、10キログラムテスト以下では4・57メートル以内、それ以上のクラスでは9・14メートル以内となってしまうように、切り替えることによってさらに分かりにくくなってしまうケースもあるにはあるのだが……。

海外における実情は、以下の通り。

例えば、ロッドの長さに関して、メートル表現をするケースは、ほとんどない。アメリカだろうがヨーロッパだろうがオーストラリアだろうが、皆、ロッドの長さについては、フィート表示を使っている。

ところが、ラインクラスやメタルジグのウエイトに関しては、キログラムで表すケースが多くなってきている。とりわけメタルジグのウエイトなどは、すでにグラム表記が圧倒的に多く感じられる。

水深や距離に関しても、メートル法が急速に一般化しつつあると痛切に感じる。

日本のルアーフィッシャーマンも、いつでも海外へ飛び出して行けるよう、国際基準を頭に叩き込んでおくべきだ。

1オンスのメタルジグは、28グラム。

8ポンドのクラスラインは、4キログラムテスト。

いや、もっともっと重要なのは、1オンスのメタルジグは28グラムと換算するのではなく、元々国際基準を前提に、28グラムではなく、区切りのよい30グラムのメタルジグを製造し、販売すればよいのである。

最も、最近のメタルジグはすでに、グラム表示が多くなってきているように思われるのだが気のせいだろうか。

国際的な話を展開したついでに、といっては何だが、海外のルアーフィッシャーマンたちが、日本の海（フィールド）をどう見ているのかお話ししよう。

以前は、日本の海は小さな魚ばかりで、海外に自慢できるような大きな魚は生息していないに違いない、と思われていた。だからこそ日本のルアーフィッシャーマンたちは、海外へ足しげく出掛けているのだろうと理解されていたのである。

ところが最近は、日本の海のイメージががらりと変わってきている。

海外でよく知られているのは、小笠原諸島、沖縄、奄美大島、トカラ列島あたり。ご存知、日本国内でもとびっきりの大物海域である。

そのエリアで、ロウニンアジやカンパチといった垂涎の巨大ゲームフィッシュが次々に仕留められ、メディアを通じて海外に発信されているからだ。

今では、日本の海に大きな魚が生息していることを多くのルアーフィッシャーマンたちが知るようになった。

一度、日本へ行って大物を釣りたい、などと言われるようにもなった。

嬉しい話ではないか。

海外へ出掛けてそんな話を聞けば、日本人として鼻高々である。

次に、日本のルアーフィッシャーマンが海外でどの程度通用するか。

結論から言えば、ドンと胸を張ってよい。

野球選手が海外で十分通用するように、サッカー選手が海外のスタープレーヤーたちのチームにとけ込めるように、バスフィッシャーマンが海外のトーナメントで優勝したりできるように、ソルトウォーターフィッシャーマンだって海外を十分渡り歩くことができる。

いや、それどころか、ソルトの世界に関して言えば、日本のアングラーは世界のトップクラスに違いない。

唯一心配なことといえば、大物を釣り上げたいばかりに、ゲームフィッシングの精神から大きく逸脱した、太すぎるラインでのルアーフィッシングが横行していること。細くて強いライン、細くて丈夫なロッド、大物が掛かったってびくともしないリールといった具合に、タックルやラインが進化しすぎたための弊害が明らかに現れている。

「ソルトウォーターフィッシャーマンよ、誇り高きゲームフィッシャーマンであれ」と声を大にして言いたい。

そのためにも、万国共通の、ＣＧＳ表記を心がけたいものである。

第15回

# オイシイ話には落とし穴が潜んでいる

## 好情報を聞きつけて出掛けたときほど、結果的に苦労をしていることに気付いた

景気のよい情報に飛びついて惨敗を喫した経験は、数知れない。

「村越さん、シーバスがバカスカ釣れています。アベレージは80センチってところでしょうか。今なら確実です。ぜひぜひ遊びに来て下さい」

そんな風に言われて、気持ちがぐらつかない釣り人が果たして何人いるだろうか。

「そうですか、そりゃあ行かねばならぬでしょう。行きます行きます。万難を排して駆けつけます」

当然ではないか。

ところが、現地に到着し、実際に釣りをはじめてみると、なぜかどうしてか、予定通りに事が運ばない。絶好調だったハズのシーバスが、どうしたわけか、申し訳程度しかヒッ

トしてこない。

時には、まるで釣果があがらないという憂き目にさらされることだってある。最悪の状況が脳裏にチラつきだした頃、ようやく値千金の1尾を手にし、喜びをかみしめたことは数知れず。

それどころか、結局、1尾の釣果を得ることもなく、「まあ自然が相手だし、こんなことだってありますよ」と逆に相手を慰め、帰途に着いた思い出だって、1度や2度のことではない。

おそらくだれにだって多かれ少なかれ、そんな経験があるのではないだろうか。

ぼくなど、長年釣りの世界にどっぷり浸かり、趣味と仕事をごちゃ混ぜにしながら暮らしているゆえ、苦汁は何度も味わっている。そして、いつの頃からか気付き始めたのが、好情報を聞きつけて出掛けたときほど、結果的に苦労をしているという事実。

安心材料となるべきハズの好情報は、実は、絶不調の予兆であるケースが少なくないと、近頃では本気でそう思い始めている。

つい最近も、こんなことがあった。

昨年爆釣だったメタルジグによるマダイ釣りが忘れられず、今年も行こうと企てた。

青森県在住の友人に問い合わせてみると、予想通り今年も好釣果があがりはじめているらしい。

好釣果というのがどれほどかといえば、50〜70センチのマダイが船中40〜50尾。よい人は、1人で20尾も釣り上げているとのこと。

ところが、取材がらみで実際に挑んでみると、前日までとは打って変わり、夜明けから夕暮れまで3人で粘りに粘り、40〜50センチがわずかに3尾という低迷ぶり。しかも、ぼく自身は1バラシのみでキャッチはゼロ。

翌日は、大型は少ないけれど数釣りができると評判の場所へ移動し、夜明け直後に出船。船頭さんによれば、前日の釣果は船中合計14尾とまずまず。

出船準備を整えながらも、「間違いなく釣れますから安心して挑んで下さい」と、嬉しい言葉を投げかけてくれるのだった。

ところが、状況は、前日と一変。魚群探知機に映し出されるハズの魚影が、どこをどう探しても見つからなくなってしまったというのである。

結局この日は、3人の合計釣果がわずか1尾。しかも、メタルジグのフォール中に、スレで掛かってきたものだけであった。

かくして、取材はボツとなり、メタルジグによるマダイ釣りを広くアピールすることはできなくなってしまった。

好情報には臆病なくらい慎重にしているつもりであるが、このマダイ釣りだけは、100パーセント楽勝だろうとタカをくくっていた。それほど、青森県内におけるマダイの魚影は濃いのである。

逆に、「今のところ釣果はイマイチです。釣れるかどうか分かりませんが、精いっぱい頑張ってみることにいたしましょう」などといわれ、多くを期待せずにスタートし、好釣果を得るというケースが少なくない。

脳裏に深く刻み込まれているのは、もうずいぶん前の、伊良湖岬におけるシーバスゲームのテレビ取材。

例年ならそろそろ釣れ始める頃という理由だけで現地に乗り込んだものの、前日までの状況は壊滅的。現地常連釣り師たちに問うてみても、ことごとく最悪の釣況であると教えられるばかりであった。

ところが、夜になって現場へ繰り出してみると、ポツポツながら釣れ始め、数時間後には怒涛の入れ食いが展開された。

シーバスがヒットしたところでカメラ用の明かりをつけ、撮影が済んだところで素早く消し、釣りを再開。ヒットすれば明かりを付け、再び……といったことを繰り返すうちに、何と、明かりが点灯されている中でもシーバスがヒットし始めた。

それにはぼくばかりでなく、「村越さん、そんなに明るいライトを点けたんじゃあ、釣れるものも釣れなくなっちまうよ」と遠巻きに撮影を見学していた常連釣り師たちも驚いた。夜釣りで海を照らすのはタブーと、頑なに信じ込まれていた時代である。

記憶に新しいのは、早春の相模湾におけるサワラ釣り。

懇意にしている「庄三郎丸」の後藤久船長から、「近場でサワラが釣れているのでぜひ来て」と誘われ、タイミングを計っているうちに釣果が怪しくなってきた。

一旦低迷し、再び盛り上がりを見せたところで数週間後に取材釣行の予約を入れた。ところが、当日が近づくにつれ釣況は下降気味となり、前日にはついに、竿頭で1ケタ釣果。ボウズの憂き目に遭うアングラーも少なくないという釣況となった。

それでも怯むことなく取材を敢行。

緊張しながら出船してみると、ナント怒涛の入れ食いに遭遇。

出船前に教えられた通り、30~40グラムのメタルジグをスピニングタックルで横方向にキャストしてもよし、ベイトタックルで、60グラムのメタルジグを真下に落としてしゃくりあげてもよし、ついにはトップウォータープラグにもガバッと飛び出してくるほどの活況ぶりとなった。

しかもそれが延々続く。

およそ30～40尾も釣り上げただろうか。十二分に満足し、早々に沖揚がりを決め込んだのだった。

もちろん、事前の釣況により当日の取材を延期していたら遭遇できなかった貴重な1日。釣りは、何が起こるか分からない。自然の流れにゆだねるしかないドキュメンタリーなのである。

昨年の5月下旬に出掛けた宮古島でも、結果が予想を大きく上回った。

ターゲットは、GT、すなわちロウニンアジ。

今現在、日本国内において手軽に、かつ高確率でGTを釣ろうとおもうなら、宮古島がおすすめである。

そのことをテレビ番組で伝えようと企て、撮影スケジュールを組み、準備万端出掛けたつもりだったが、ああ、自然はどうしてこうも天の邪鬼なのか。

数週間前から釣況は最悪を極め、何日間にも渡って目ぼしい釣果があがらなくなってしまったというのである。

原因は、ガバッと飛び出しても一向にフッキングしない〝甘ガミ〟。

「村越さん、ルアーにバイトまではしてくるんですが、まったくと言ってよいほどフックに掛からないんです。しかも、ルアーを回収してみると、バッチリ歯形が残されているんですよね。シンキングペンシルのスローリトリーブでフッキング率が極端に低いのは、すでにだれもが知っていることなんですけれど、ポッパーにガバッと出ても乗らないのは理解できませんね」

宮古島に到着し、翌日の実釣を前に打ち合わせをしている最中、船長のモリゾーが悲痛な面持ちでそういうのだった。

釣況が悪いと聞かされたところで「うわーっ、どうしよう」などと頭を抱えることがないのは、ここまで読み進んできた読者ならすでに想像できる通り。

いやむしろ、傍から見れば村越正海は、ニヤリと薄笑いを浮かべていたに違いない。事前状況が悪い時にはむしろ好釣果をあげ取材を終了するケースが圧倒的に多いものと、信じて疑わなかったからだ。

果たして当日、ポイントに向け「ガーラ号」を走らせながらも落ち着かない様子のモリゾー船長に比べ、ぼくはのんびりした気持ちでまばゆいばかりの美しい自然に目を奪われていた。

ポイントに到着し、船長の指示する方向にルアーをキャストし、水面をかき乱すよう派手なリトリーブを行なっては、ルアーをピックアップし、再びキャストを行なう。

次第に体がほぐれ、ルアーの飛距離が徐々に増してゆく。

沖縄の県魚であるグルクンの群れの真中に『尺ＰＥＮ』を投げ入れ、ガボッガボッと引いてくる。と、静寂をかき乱す侵入者に怒ったのか、激しい水しぶきと、派手な音とともにＧＴが飛びついてきた。

〝甘ガミ〟という初耳のコトバなど脳裏に思い浮かべる間もなく、久しぶりのガチンコ勝負が始まったのであった。

モリゾー船長の差し出す巨大ネットによってランディングされたのは、17～18キログラムのＧＴ。

ぼくにとっては十分な1尾であった。

ところが、その後さらにでっかいＧＴが、グリーンカラーの『ムラムラＰＯＰ』に襲いかかってきた。

渾身の力を込め、注意深く魚をコントロールし、ようやく取り込んだのが45キログラムの巨大ＧＴ。

事前情報などどこ吹く風。この日もまた、石橋を叩くことなく挑むべきであると痛感したのだった。

それにしても、事前情報と現実は、どうしてこうも食い違ってしまうものなのでしょうかねぇ。

第16回

# この夏、臨戦態勢にある釣り

## 今年、ぼくの行動パターンを大きく乱したのが、ゴロタ海岸の夜メバル

突然ではあるがこの夏、今現在、仕事および趣味としていつでも出掛けられるよう身構えている釣りと、準備しているタックル、そしてルアーをザザッと羅列してみることにする。いつの間にやら意識の隅に追いやり、忘却の憂き目にさらさぬよう、自分自身の記憶を常に呼び起こしておかなければならぬという極めて個人的な理由からである。さらに、ひょっとすると、多少なりとも読者の皆さんの参考になるのではないか、などと思ってみたりもする。

季節柄、最前線として位置付けられているのが、相模湾におけるオフショアゲーム。対象魚は、いわずと知れた、シイラ、カツオ、キメジ。

これらはまさに、一触即発状態の臨戦態勢にあるといってよい。

ある日突然、さあ行こう、と促されたとしても、ものの5分で出発できるよう万全の準備が整っているというわけだ。

ロッドは、6フィートと7フィートの『ソルティガ・ドラド』をそれぞれ2本ずつ。ぶらりと出掛けるプライベート釣行であれば、各1本ずつを持参する。

リールは、6フィートロッドには、2500番サイズの『セルテート』か『イグジスト』を気分次第で組み合わせる。当然、それぞれの『2500Rカスタム』という選択肢もある。

7フィートロッドには3000番サイズの『セルテート』『イグジスト』『ソルティガゲーム』となるが、2500番サイズともども、どのリールを使用しても、不安はおろか不便を感じることなど一切ない。それがまた、迷いを生じる元凶となっているんだけどね。

ラインは、2500番リールには、PE0・8号か1号を巻き込んだ『RCS2508スプール』をセット。ちなみに『セルテート』であれ『イグジスト』であれ、それぞれの『Rカスタム』であれスプールはみな共通なので、当然使い回すことになる。

3000番リールには、やや太目の1・2号か1・5号を巻き込んでおく。この太さの強度をもってすれば、20キログラムのシイラがこようと10キログラムオーバーのキハダがこようと、十分対応できる。

ショックリーダーは、ナイロンモノフィラメントとフロロカーボン製の30ポンドテストと40ポンドテストを持参し、使い分ける。

基本としているのはナイロンモノフィラメント40ポンドテストかフロロカーボン30ポンドテスト。

信頼度ではフロロカーボン、扱いやすさではナイロンモノフィラメントといったところか。

ルアーは、『TDソルトペンシル11センチ』『ソルティガドラドペンシル12センチ』『ソルティガドラドスライダー14センチ』『ソルティガドラドジャーク』『レイジー9・5センチ』『同11センチ』と、メタルジグ40グラム。主に使用しているのは『MMジグ』『ムラのジグ屋』などであるが、メタルジグの場合、あまり種類にこだわる必要はない。

以上が、相模湾オフショアゲーム用の臨戦タックル。これだけあれば、突然ワラサが跳ねようと、サバ釣りに急旋回しようと、サワラゲームに突入しようと安心である。

次は、ショア、すなわち陸っぱりゲーム。

日中の雄がイナダ、ソウダ、といったサーフの回遊魚なら、夜の雄はシーバス。

ぼくの場合、共に5分もあれば現場に行き着ける身近なゲームだけに、備えは万全。

サーフの回遊魚ゲームでは、9~10フィートロッドに2500番リールを組み合わせて挑むケースが多い。

ロッドは、シーバス用。リールは、『セルテート』。ラインは、PE0・8号。ショックリーダーは、ナイロンモノフィラメントの20ポンドテスト。ルアーは、『MMジグ』『ムラのジグ屋』などメタルジグの30~40グラムを使用している。

フックパターンは、アシストフック1本がほとんど。少しでもフッキング率を上げるためにトレブルフック装着、というケースがないわけではないが、90パーセントはシングル1本である。

出掛けるのは、早朝か夕方。

より多くのナブラが期待できるのは、未明から午前9時ごろまで。風のない穏やかな日が狙いだ。

まとまった雨が降れば、暗くなるのを待って河口周辺、あるいは河川内へ急行しシーバスを狙う。

ロッドは、モアザンシリーズ。

『ブランジーノ91・5L』
『ブランジーノ95ML』
『ブランジーノ96MML』
『ブランジーノ109ML』

『キングデーモンフッカー93ＭＬ』

『ディスタンスマスター１０３ＭＬ』

などなど。

これまたその日の気分次第。インスピレーションでどれか１本を引っ手繰るようにして家を出る。

河川内では短め、サーフでは長めを使用する。サーフで愛用しているのは、最も長い『ブランジーノ１０９ＭＬ』。重量さえ気にならなければ、基本的に長いロッドほど遠投が利く。

リールは、『セルテート』『イグジスト』『ブランジーノ』の３０００番。これまた気分次第、手当たり次第。

ラインは、ＰＥ0・8〜1・2号。ショックリーダーは、ナイロンモノフィラメント40ポンドテスト。長さは、1・5〜2メートル程度。

ルアーは、『ショアラインシャイナーＲ50』『同Ｒ50ＬＤ』『レイジー11センチ』。

以上が、駆けつけ5分の朝めし前的ゲームなのだが、各地を転戦している場合が多く、意外に近くて遠い釣り場となっているのが現実である。

うねりでサラシが発生するようなら、ヒラスズキも視野に入れておきたい。

以前は、夏以外のターゲットとしてとらえていた愛しき勇顔眩魚であるが、最近では伊豆半島あたりでも、周年狙える釣り物として定着し始めている。

ロッドは、『モアザン平狂15フィート』。リールは、『セルテート』３５００または４０００番。ラインは、ＰＥ１・２〜１・５号。リーダーは、『モアザンショックリーダー40ポンドＦ（フロロカーボン）タイプ』。ルアーは、『ショアラインシャイナーR50』『同R50ＬＤ』『同R55』『ＴＤソルトペンシル11』。

ちょいと出掛けるなら真鶴半島。じっくり攻めるなら伊豆半島。

狙いを付けつつ実績をあげていない釣り場がいくつかあるので、条件次第でそこへ出掛け、ビシッと決めたいものである。

今年、ぼくの行動パターンを大きく乱したのが、ゴロタ海岸の夜メバル。

実長30センチオーバーの尺メバルが高確率で次々にヒットしてくるものだから、不覚にも平常心を喪失。最大33・５センチ。30センチ超えはもはや数え切れないほど。しかも、そこいらへんのゴロタ海岸で釣れてしまうのだから、狂気の沙汰といってよい。

寒い時期から釣れはじめ、４〜６月には、出掛ければギャランティーで釣れるといった異変とも取れる好調ぶり。

７月以降、終息の気配が漂ってきてはいるが、「終わった」と宣言するには尚早のように思われる。

何より、今年の狂乱がたまたまだったのか、はたまた、今まで、地中に眠る宝の山の存在を知らずに、ずかずか踏みつけながら行ったり来たりしていただけなのか。

そして、シーズンは、いつからいつまでなのか。果たして、夏メバルというのはあり得るのか。

ともあれ今年は通年挑み続けてみようと心に決めている。

タックルは、ロッドが『月下美人76ＳＶＦ』、リールが『セルテート』『イグジスト』の２５００番。０・６号ライン１５０メートルを巻き込んだ交換スプール『ＲＣＳ２５０６』をセットし、フロロカーボン製12ポンドテストのショックリーダー１・５メートルをつないで使用する。

リグは、重さ１〜１・５グラムでフックサイズ４〜６番のジグヘッドとソフトルアーの組み合わせ。愛用しているのは、シャッドテイルタイプの『月下美人ビームフィッシュ』１・８インチ。カラーは、パールホワイト。

水温が上がり、海藻がなくなってきてからは、『バスグラブ』３インチのパールホワイトを１／０サイズのオフセットフックに装着し好成績をあげている。クランク部分に３Ｂ〜４Ｂのスプリットショットを挟み付け、ずれないよう瞬間接着剤で固定する。ちなみに、

3Bのウエイトが1グラム、4Bは1・25グラム。

リグに関しては、まだまだ試行錯誤の途中である、というより、あまりこだわらなくてよいように感じている。

でっかいメバルは、躊躇せずばっくり食いついてくると思われるからだ。

しつこく挑み続け、35センチオーバーの夏メバルを仕留めるのが目標である。

さて次は、と、早くも紙面の限界が近くなってしまった。

さらに書き並べたかったのは、今夏好調の磯シイラ、相変わらずラッシュ状態のアオリイカ、手軽なミノームラソイ、ショア&オフショアのタチウオ、ソフトルアーで挑むマゴチなどなど。

ルアーフィッシング以外にも、アユの友釣り、投げのシロギス、テナガエビ釣り、ハゼ釣り、磯のイシダイ釣りなどが脳裏にチラついている。さらには、バスのトップウォーターゲームも夏のうちに堪能しておきたい。

かように、一見「飽きるのでは?」と思われがちな釣り尽くし生活も、実は時間が足りず悶々とするばかりなのである。

もっと釣りへ行きた〜い。

第17回

# 下り調子が続いている

## なかなかよい結果に恵まれない。これほどの下り調子は、何年ぶりのことか

スランプである。

思うように釣果があがらない。何かひとつ、歯車が空回りしているような感じである。気を揉めばもむほど、イメージした釣りが遠のいてゆく。いや、イメージとのギャップが大きくなるからこそ、気を揉んでしまうのだ。まさに悪循環そのものである。

満を持して出掛けても、なかなかよい状況には恵まれず、よって思い描いた釣果も得られず、結果として、編集者やらカメラマンやらその他もろもろ、関係者にご迷惑を掛けてしまうという現実が続いている。

これほどの下り調子は、何年ぶりのことであろうか。

「おやっ、おかしいぞ。何となく変だぞ」と思ったのは、5月下旬に出掛けた青森県のマ

ダイ釣行の折だった。

この話は前々号の本項でも若干触れているが、ここではもう少し詳しく紹介させていただくことにする。

昨年イイ思いをした日本海小泊沖のメタルジグによるマダイ釣りを、テレビ番組で全国の釣り人たちにぜひ紹介したいと自ら企画し、番組収録スタッフを伴ってはるばる出掛けた。

小泊沖から竜飛岬周辺にかけてのマダイ釣りは、メタルジグによるルアーフィッシングが全盛である。

同じマダイ釣りでもむつ湾奥におけるそれは、スプーンやブラーにアオイソメをたっぷり付け、〝ノシ〟と呼ばれるホタテの養殖ダナに船を固定し、ロープを避けながらドボンと沈めるルアーフィッシングとも餌釣りともつかぬ釣り方が一般化している。

時にはロープに付着した貝類をコマセよろしく掻き落とし、集まってきたマダイを狙い撃ちするといった裏技もしばしば行われている。

メディアに登場する青森県のマダイ釣りは、ほとんどがこのスプーンマダイあるいはブラーマダイと呼ばれるスタイルで、今や青森県のマダイ釣りと聞けば、釣り人なら即座にアオイソメの房掛けを連想するほど、全国的に知られているのである。

よって、青森県ではブラーやスプーンを使ったマダイ釣りが盛んに行われ、大物が数多く釣り上げられてはいるけれど、それらは押しなべてアオイソメの房掛けがセットであり、ルアーフィッシングによる釣果と認めるわけにはいかない、というのが大方のルアーフィッシャーマンの評価ではなかろうか。

そこには多かれ少なかれ、「ルアーで70センチ超のマダイが、1人で10尾も20尾も釣れたりするハズがない」といった懐疑心もはたらいているように想像できる。

余談になるが同じような例は、駿河湾にもある。

夜釣りでバラムツやアブラソコムツを釣る際、なぜかどうしてか多くのルアーフィッシャーマンが、メタルジグに堂々とサンマの切り身をぶら下げ、ルアーゲームもどきを展開しているのである。

使用しているタックルは、ジギング用。メタルジグのカラーにもこだわる。なのにどうしてか、当然のようにフックにサンマをぶら下げてしまうのだ。

船頭さんに「そうしろ」と指示され断りにくい、ということもあるのだろうが、本来メタルジグだけで十分成り立つ貴重なゲームのイメージは、悲しいほど失墜してしまったのである。

さて、青森県の日本海側における純然たるルアーフィッシングによるマダイ釣りを紹介しようと勇んで出掛けたまではよかった。

時期もよし。

状況もよし。

天候もよし。

メタルジグマダイのけん引役の1人である青森県在住の釣友、田澤晃さんにもサポート役として同船していただくことになっていたのだから、心強いことこのうえない。

前夜の打ち合わせでは、おそらく朝のうちにバタバタッと良型が何尾かヒットし、午前中には撮影を終了することになるだろうとのことだった。

標準的なパターンは、メタルジグを軽くキャストし、20メートルほど沈めてからしゃくりつつ引き、引きつつしゃくるといった感じ。その間にガツガツッとマダイがかぶりついてくるのである。ちょっとしたコツは、時折フォールを入れ込むこと。

「まずは、ボートシーバス用のロッドで釣りあげ、次は、メバル用のロッドを大きくたわませ、迫力満点のヤリトリをお見せしますから。初日はその程度にしておいてですねぇ、2日目は、トリヤマを狙って釣るシーンを撮影したいですね。そうです、マダイがトリヤマの下に群れているのです。できることなら、トリヤマの下でボイルするマダイの映像なんかが撮れれば衝撃的ですよね」

ビールのジョッキを傾けすぎたための夢物語ではなく、現実の、ごくごく日常的に行われていること、起こっていることをテレビカメラに収め、全国に向けて放送したいとディレクター氏に伝えたのである。

ところが、いざ海へ出てみると、肝心のマダイが一向に釣れない。それどころか、前日まではびっしり映っていたという魚群探知機のマダイ反応が、さっぱり表れない。

右往左往、あっちこっち、船頭さんが必死になって探し回ってくれたものの、マダイの群れは行方不明のままついに発見することはできなかった。

翌日は、出船港も船も海域も変えてフレッシュな気持ちで再びメタルジグマダイに挑む。どちらかといえば、大型は少ないものの数釣りができるという海域だけに、安心感はあった。

ところが、ここでもまた、「昨日まではよかったのに」という決まりきった話を船頭さんから聞くことになった。

走れども走れども、探せども探せども、マダイの群れを魚群探知機でとらえることができないのである。

結局、目ぼしい釣果を得られぬまま、2日間の取材釣行が非情にも終了。

テレビ取材では極めて稀な、ボツという最悪の結果となってしまったのであった。

そのアンラックを引きずったまま、6月はGT（ロウニンアジ）を狙い雑誌のカメラマンを伴い宮古島に飛んだ。

船は、昨年同時期にテレビ取材でよいおもいをさせていただいた、モリゾー船長操る『ガーラ号』。

GTに挑むのは2日間。到着した日と帰る日は、陸っぱりでのんびり小物でも釣ってやろうと目論んだ。

ベストシーズンゆえ、2日間ポッパーをキャストし続ければ、数尾のヒットは間違いあるまい。目標は、つつましやかに20キログラム。

最近の釣り雑誌には、50キログラムだの60キログラムだのといった超ヘビー級が当たり前に登場し、未体験アングラーの感覚を麻痺させ続けている。

GTといえば40、50キログラムは当たり前、なんて思ってはいけない。

ぼくにとって、楽しいのは20キログラム程度まで。それ以上は、相当の覚悟をもって挑まねばならぬ手ごわい相手なのである。

もっとも、PE3号程度、すなわち30ポンドテスト以下のラインでテクニカルゲームとして挑ませてくれるなら、相手がいくら大きくても構わないんだけどね。

つつましやかな目標にモリゾー船長も安堵の表情を浮かべたが、ベイトフィッシュは山ほどいるのに肝心かなめのGTがいっこうに姿を現さない。

結局、2日目の終了間際、もうボチボチ暗くなり限界か、という段になって、ようやく5キログラムほどのGTが『ムラムラポッパー』に飛びついてくれた。

このあまりにもささやかなミニGTをモリゾー船長がでっかいタマアミですくい船上に取り込んだところで、がっちりと固い握手を交わしたのだった。

7月に入ると下り調子はいよいよ本物となり、8月に入ると、まさに飛ぶ鳥を落とす勢いといった表現がふさわしい状態に到達。

極めつけは、本誌（編柱：『ルアーマガジンソルト2007年11月号』）カラーページで紹介された通り。

青森県下北半島は、青森県の中でも最も交通の便の悪いところに違いない。そんな極の海岸線は、おそらく手付かずのロックフィッシュの楽園であろうとタカをくくって出掛けた。

ところが、磯で投げても、ゴロタ場を攻めても、生物反応は皆無。

業を煮やし藁をも掴むおもいで、ルアーがふんだんに品揃えしてある釣具店に飛び込み情報を求めると、「いやぁ村越さん、残念だけど今は何にも釣れませんよ」ときた。

「何にもですか」

「ええ、何にも」

「尻屋崎あたりは釣り場としてはいいんですよねぇ」

「ええ、いいですいいです」

「アイナメなんかも釣れるんですよねぇ」

「はい、釣れます釣れます」

「時期が悪いですか」

「もー最悪ですね。10月になればバンバン釣れるんですけどねぇ」

「むつ市内のシーバスはいかがですか」

「今は、ダメです」

「ダメですか……」

てな具合なのである。

その後に出掛けたいくつかの取材でも、不運は容赦なく襲い掛かってきている。

この状態が果たしていつまで続くのか。

いやはや、久しぶりに本格的なスランプに陥ってしまっているのである。

第18回

# モノ作りが大好きなのだ

## 釣れるからといって、エビングの乱用は感心できない。とどめの一手として登場させるのが理想だ

このところ「エビング」に使用するテンビン製作に時間を費やしている。「えっ、村越正海が自らテンビンを作っているんですか?」と、驚く人も少なくないだろうが、実際、知り合いにも依頼するが自分でも作る。元来、物を作るのが大好きなのである。

「エビング」というのは、まだまだご存知ない方も多いとおもわれるが、簡単に言えば、ソフトルアーを使い、主にマグロやカツオを始めとする青物を釣る方法。

始めたのは、おそらく沖縄県南部の糸満の漁師たち。これまでにも「パラシュート釣法」など、いくたあまたの画期的な釣法をあみだしてきている。

ぼく自身は、06年6月に同所のマグロ釣り大会のゲストとして迎えていただいた際、知り合いの船頭さんから教えられ、あまりの釣れっぷりに度肝を抜かれたのだった。

以来、何度か沖縄へ足を運び、試行錯誤を繰り返しつつ、現在のスタイルに行き着いた。とにかく、パヤオ周りの、メタルジグではなかなか釣れないマグロやカツオが面白いように食い付いてくるのである。

何度試しても結果は同じ。

それどころか、餌釣りにも勝るケースがしばしばあるのだから驚かされる。

もはや、糸満のパヤオ周りのマグロ釣りは、「エビング」一色といっても過言ではあるまい。

試行錯誤を重ね、自分自身の「エビング」スタイルが落ち着いたところで、今夏、相模湾と駿河湾のカツオやキメジ釣りに挑んでみると、予想通り効果は抜群。

何より、餌釣りの乗り合い船に便乗し、ババッと撒かれたコマセの中でも釣果をあげることができたのだから、ルアーフィッシャーマンとしては、嬉しいことこのうえない。

ただし、釣れるからといってただ闇雲に「エビング」を乱用するというのは感心できない。カツオやマグロが水面でばしゃばしゃイワシを追いまわしている状況に出くわしたのであれば、トップウォータープラグで挑むのがよいに決まっている。

水面を泳ぐルアーに魚たちがガバッと飛び出す様は、ルアーフィッシングならではの醍醐味。

少なくともぼくなら、迷うことなくトップウォータープラグをナブラの真中にキャストするに違いない。

水面にハミが出ていなければ、ジギングに切り替える。魚群探知機に移った群れを真上からメタルジグで直撃し、魚たちが反応してくれるなら、それもまたルアーフィッシャーマン冥利に尽きるというもの。

トップウォータープラグで挑み、ジギングを試し、もはやどうにも手の打ちようがなくなったところで、とどめの一手として「エビング」を登場させるというのが、理想的展開と考えているのだ。

まあ、条件次第では、それほどイージーに魚が釣れる、威力のある釣り方だと理解していただきたい。

タックルは、ジギングを行う際に使用するロッドとリールをそのまま使用する。

ラインは、一般的にはＰＥ50ポンド（３～５号）程度。ショックリーダーとして、ナイロンモノフィラメントまたはフロロカーボン80ポンドラインを３メートルほど付け、先端をテンビンの一端につなぐ。

テンビンには、１５０～２００グラムのメタルジグを装着。何度かオモリとの比較をしてみたが、メタルジグを使用した「エビング」の方が、明らかに釣果は上。メタルジグと単なるオモリとでどちらの集魚効果が勝っているかを考えてみれば、当たり前のことではあるんだけどね。

テンビンのもう一方の端からハリスリーダーとして、ナイロンモノフィラメントまたはフロロカーボン50～80ポンドラインを2～3メートル出し、フックを結ぶ。フックは、管付きシマアジバリの13～14号か、ヒラマサバリの13～14号。ともに丈夫で信頼できる。

ソフトルアーは、元々ヤマシタベイトのエビに似せた製品を使っていたため「エビング」と呼ぶようになったのであるが、現在の流れはダイワ精工の『DRスティック』に代わっている。全長3・5インチの丈夫な丈夫な、本来はシーバスフィッシング用に開発されたソフトルアーである。

その『DRスティック』を、フックにチョン掛けにして使用する。

「エビング」の説明が随分長くなってしまったが、そのエビングで使用する直線テンビンを、時間を見つけては、70年代のフォークソングを聞きつつ楽しみながら作っているのである。

いくつかの行程のうち、多くの人が苦手としているのが、テンビン両端の曲げ。ワイヤーの端に輪を作り、スイベルを通して固定するという作業。

当然、ワイヤーが硬くなればなるほど、太くなればなるほど骨が折れる。

そのワイヤー曲げを簡単に行うための工具が、『クルックリン』。仲のよい投げ釣り師がテンビン作りのために考えたもので、構造はいたって簡単。金属製の円柱の端から2本のピンが出ていて、それに巻き付けるようにしながらワイヤーを曲げてゆくと丸い輪ができるというもの。

その『クルックリン』をベアリングで受け、一方の端にリールのハンドルを取り付け、だれでも簡単に、よりイージーにワイヤー曲げができるような機械を考え作り上げてみた。それが実に扱いやすく、具合がよく、スムーズにワイヤー曲げができるため、楽しくて仕方ない。

自らテンビン作りに精を出しているのは、そんな理由があるからなのである。

ワイヤー曲げが簡単にできると、各種テンビン作りはもちろんのこと、ルアーフィッシャーマンにとっては、メタルジグを自作する際の頭痛のタネがひとつ減る。

メタルジグの原型や、注型を作るのは楽しい作業に違いないが、ワイヤーを曲げ、アイを作るのは面倒という人が多いのではないだろうか。

ついでといってはなんだが、メタルジグの自作の仕方も公開しておこう。

まずは、バルサ材などを使ってメタルジグの原型を作る。

それを元に、注型を作るわけだが、最も手軽なのは石膏。値段も安く、作業時間も短時間で済むためメタルジグ製作入門用には向いているが、割れやすいという重大な欠点がある。ほんの数個を作るぶんには問題ないが、同じ物を10個も作ろうという人にはおすすめできない。

ぼく自身は、製作するメタルジグのウエイトチェックのための数個を作る際に利用している。

安心して使用できるのは、メタルジグ製作のプロも愛用している、耐熱シリコン。要は、熱に強いゴムである。

耐熱シリコンで注型を作ってしまえば、数100個から数1000個のジグを作ることも可能である。

注型の作り方は、石膏であろうと耐熱シリコンであろうとあまり変わりはない。

木を削って原型が出来上がったら、サンドペーパーを使ってツルツルに磨きあげ、床用ワックスなどをたっぷり塗っておく。

ダイヤブロック（プラスチック製の子供用玩具）を組み合わせて枠組みを作り、中に粘土を敷き詰め原型を半分埋め込む。

その状態で石膏または耐熱シリコンを原型が完全に見えなくなるまで流し込む。

固まるまでに要する時間は、石膏なら数時間、耐熱シリコンの場合は24時間以上。

固まったらひっくり返して粘土を取り、ワックスか剥離材をたっぷり塗って、同じことを繰り返す。半面ずつ、鉛を流し込むための注型を作るのである。

固まったら、型を開いて原型を取り出し、ワイヤーのアイをはめ込むためのミゾと、溶かした鉛を流し込むための注ぎ口をカッターナイフや彫刻刀を使って掘れば注型の完成。

ただし、石膏を使用した場合は中に少しでも水分（湿気）が残っていると鉛を流し込んだときに水蒸気が発生し、溶けた鉛が勢いよく噴き出し非常に危険なので、トースターなどで水蒸気が出なくなるまで十分焼いてから使用すること。

次は、予め両端を曲げ作っておいたワイヤーを型に納め、2つを合わせてしっかり固定する。ベルト状のものでぐるぐる巻きにしておくぐらいの周到さで挑まないと、隙間から溶けた鉛が流れ出してきて危険だ。

鉛は、できることなら10パーセント程度スズを混ぜ、小型のフライパンなどを使って溶かし、注型の注ぎ口から少しずつ流し込む。

慎重に慎重に、くれぐれも火傷などしないよう、細心の注意をもって挑んでいただきたい。

あとは、冷めるのを待ってから中味を取り出し、好みのカラーを使って塗装すれば出来上がり。

とまあ、なにもここでメタルジグの作り方を延々書きつづることもなかったのだが、ワイヤー曲げ機を作り上げたのが嬉しくてついついエスカレートしてしまった。

ともあれ今ぼくは、テンビン製作が面白くて仕方ないのである。

第19回

# 悲しいことと、面白いこと

## 砂浜が消滅してしまうことなど初めての経験
## 自然の恐ろしさをみくびってはならないのである

　このところ、あちこちの海岸へ出掛けては、陸っぱりの釣りを楽しんでいる。秋から初冬にかけての爽やかなシーズンになると、手近な釣り場へぶらりと出掛け、新鮮味などとはかけ離れた、決まりきった釣りに挑みたくなってしまうのである。決まりきった場所で決まりきった釣りに興じるというのも、悪くない。気負うこともなければ不安を感じることもない。自然体で水辺に立ち、お魚たちのご機嫌を伺うといった、まるで縁側の陽だまりでゆったり流れる時に身を任せるような、気楽な気分が味わえるのだ。

　ルアーフィッシングはもちろんのこと、投げ釣りや磯釣り、河口のハゼ釣りなどへもせっせと出掛けているのだが、久しぶりに訪れた釣り場のあまりの変貌ぶりに、愕然としてしまうことも少なくない。

とりわけ目立つのは、9月上旬に関東地方を直撃した台風9号の、ありがたくない置き土産。自然の脅威の爪跡が、あちこちの釣り場に今なお残されているのだ。

湘南海岸に沿って走る西湘バイパスが崩壊。しばし通行止めとなった後、9月27日より暫定開通されてはいるものの、今なお完全復旧のための工事が行われていることは多くの方の知るところであろう。

しかし、ぼくたち釣り人にしてみれば、もっともっと悲しい現実が西湘バイパス沿いの海岸にある。

ご存知の方も少なくないとおもうが、このあたり一帯の海岸は、見渡す限り砂浜が続いていて、シロギスやイシモチ狙いの投げ釣りのメッカである。

シロギスを追ってやってくるヒラメやマゴチは、いわずもがなルアーフィッシングのターゲット。

夜明け直後の同海岸には、シロギス狙いの投げ釣り師と、ヒラメ・マゴチ狙いのルアーフィッシャーマンが入り乱れ、思い思いの釣りを展開しているのが普通である。

ところが、台風9号の大波によって、一帯の砂浜が忽然と消えてしまった。

西湘バイパスが建造されてから、すでに数10年が経過している。その間に大きな台風は何度もやってきた。道路が波を被って通行止めになったことは数知れず。1度だけ、陥没で道路に大きな穴が開いてしまったこともあった。

しかし、砂浜が消滅してしまったなんていうのは、初めてのこと。

いやはや、自然の恐ろしさを決してみくびってはならないのである。

小さな爪跡として痕跡が残るのは、家の前の酒匂海岸。数年来砂中に埋もれて見えなくなっていた消波ブロック群が、突如息を吹き返したかのように、現れた。

そんな様子からも、湘南~西湘と続く砂浜海岸から、大量の砂が流出してしまったことがはっきり分かるのである。

真鶴道路を伊豆方面に向かい走ってゆき、アオリイカやシーバスの釣り場として人気の高い江の浦港を過ぎ、ググッと右カーブを曲がったあたりの海沿いにあった八貫山駐車場が崩壊してしまったのも、9号台風の大波被害。

そして今日、3ヶ月ぶりに赤根崎近くのゴロタ場へ行ってみて愕然となった。

岩の隙間のことごとくに小ジャリが入り込み、もはやムラソイが身を隠す空間はほとんど残されていないのだ。

このゴロタ場はぼくの大好きな釣り場のひとつで、レギュラー出演しているテレビ番組『ザ・フィッシング』(テレビ大阪/テレビ東京系)の取材でも何度か訪れている。もちろん、ムラソイの魚影が濃いからというのが最たる理由だ。

そういえば、もうずいぶん前のことであるが、日本列島を縦断するように通り過ぎていった台風が、各地に記録的な大雨をもたらしたことがあった。

それから数年間、しばしば通っていた山奥の渓流を順番に訪れては、その都度悲しい思いをしたことを思い出した。

のっぺりとした砂底の渓を、透明な水がサラサラ流れている。

そこにはもはや、イワナやヤマメの影を探すことはできない。ただただ単調な澄んだ流れがあるばかりだ。

赤根崎のゴロタ場の変貌が、記憶の奥底で消えかけていた遠い日の悪夢を思い起こさせたのである。

しかし、二ノ宮海岸から砂浜が消えてしまったことも、赤根崎のゴロタ場が小ジャリで埋め尽くされてしまったことも、自然現象のひとつと思えばいたし方ない。

長い歴史の中では、ほんのちっぽけな、些細な、取るに足らないことに違いない。

ところが、赤根崎のゴロタ場には、さらに悲しい光景が展開されていた。

海岸近くに入り込んだクレーン車によって、ゴロタ場の一部の埋め立て工事が行われていたのである。

すでに埋められてしまったゴロタ場にも、多くのムラソイやカサゴが生息していた。陸上の土地を守るという目的のために、日本の海や川は、いともあっさり埋め立てられてしまうものなのである。

特定外来種のらく印を押した魚の駆除にあれほど躍起になっている環境省が、片や、みすみす消え去って行く水辺の自然環境にあまりにも無頓着であるという現実。

自然に対して貧困極まりないわが日本国の、これが紛れもない現実なのである。

そのなれの果てともいうべき馬鹿げた環境整備の実態を、本誌の取材で訪れた山口県で目の当たりにした。

萩から山口宇部空港へ向かう途中、美祢郡美東町（編柱：現「美祢市」）を流れる大田川沿いのパーキングエリアでしばし休憩タイムを取った際、ひょいと川を覗いて愕然としたのだった。

そこには、「多自然型川づくり」という名の河川改修工事によって作り上げられた、模型の箱庭のような大田川が流れていた。

自慢げに掲げられた看板によれば、何種類かの魚やウナギも放流されているらしい。

自然は「守る」ものであって「作る」ものではないという基本中の基本に、あい変わらず気付きもせず、自然を破壊し続ける愚行は、いったいいつまで繰り返されるのだろう。

奥井カメラマン、中川編集者とともに、うなだれながらパーキングエリアをあとにしたのだった。

最後に、魚の「味」について少々触れておきたい。

たまたまという全くの偶然ではあるけれど、魚の産地と味について、何度か立て続けに話題となった。もちろん、このテの話はどこまでいっても決着がつくものではない。

そもそも、魚の味に関しては、釣り人に限らず地元意識、地元志向が強いのが普通である。例えば、川の話で申し訳ないけれど、「おらが川のアユ自慢」という決り文句がある。

釣り場で出会った釣り人でも、投宿した宿のご主人でも、地元の人とおぼしき誰かに、「どこの川のアユが一番おいしいのでしょう」と聞いてみれば、「そりゃあこの（地元の）川のアユが一番です。この川のアユを食べたら、他の川のアユなんてとても食べられたものではありません」とハンで押したような答えが返ってくるものなのである。

「おらが川」は、そのまま「おらが海」と差し替えることができる。

先日、「相模湾のマダイを食べたら、よそのマダイなんてまるで食べる気がしない。焼けばパサパサだし、刺身にしてもまるでコクがない。やっぱり、相模湾のマダイが一番だねぇ」という話を、地元（小田原市）在住の釣り人から聞かされた。

本当は、「……よそのマダイなんて食べる気がしないじゃぁないですか……」と一方的に決め付けられたのであるが、突然の振りについて行けず、「えっ、あっ、そうなんですか。ぼくはよく分かりませんが……」と返すのがやっとだった。

当然、本人はそう信じきっているのだろうから、彼の味の判断基準によれば、それは間違いではない。正しいのである。

しかし、だれでも予想できる通り、例えば大原在住の釣り人や船頭さんに聞いてみれば、「大原のマダイを食べたら……」となるに違いない。

それもまた、間違いでなく、正しいのは明白。

同じような話が、相前後してサバをテーマに別の場所で交わされた。

これもまた、内容に相違なく、だれもが地元志向で一貫している。

これらはおそらく、自分たちの慣れ親しんだ味が、自分たちにとっての最高の味であって、脂の乗り加減にしても、身の弾力にしても、香りにしても、理想ということになるのである。

日本中を転々と釣り歩いているぼくにしてみれば、その土地で捕れた魚を、その土地の焼酎を傾けながら、その土地で食べるのが最高の味とおもわれる。

日本中の料理屋さんに養殖魚が蔓延している昨今、地元ならではの味をたん能する機会は年々減ってきている。

「おらが川のおらがアユ」も、自然の美しい流れがあってこそ。

人為的自然破壊という愚行によって、「おらが川」が消え去らないよう、心から願いたいものである。

第20回

# 未知なる現象と、未知なる魚

## 深夜の沖堤防、どこからともなく聞こえる携帯電話の着信音…。その正体とは…!?

得たいの知れぬものやどうにも理解できぬ現象に出会った経験は、だれにだってあるに違いない。ぼく自身も何度か、理解できぬ現象に出くわしたことがある。

つい最近も、こんなことがあった。

場所は、愛媛県松山市の某沖堤防。

午後の早い時間から堤防へ渡り、夜にかけてカワハギやらスミイカやらタチウオやらを手当たり次第狙ってゆくのが目的だった。釣り方は、ルアーフィッシングでなく全て餌釣り。

まずはカワハギ釣りからスタート。

胴突き仕掛けにアオイソメを付け、船道に投げ込みしばらく待つと、ゴツゴツゴツッというカワハギ特有のアタリが伝わってきた。

ロッドをあおり一気に引き寄せてくると、25センチオーバーの良型が1尾。餌を付け再び投げると、すぐにまた同型がヒット。それはもう入れ食いといってよい釣れっぷりで幸先よいスタートを切ることができたのだった。

ところが、予想以上の釣果に高揚していた気持ちが落ち着きを取り戻し始めた頃、携帯電話の呼び出し音が「トゥルルルルルッ」と聞こえた。

その場にいたのは、ぼくとカメラマンとディレクターの3人。

ほぼ同時に皆で顔を見合わせ、「誰かの携帯電話が鳴っている」と合図をしあった。

ところが、その呼び出し音はだれの携帯電話のものでもない。

あまりにもシンプルな、あまりにも無機質な、冷たい感じの呼び出し音は、数回繰り返して鳴り、誰が出ることもなく止んだ。

居合わせた3人のものでなければ、松山市内の港から、あるいは沖に停泊している船舶から流れてきたものなのか。分からぬまま再び釣りに没頭し始めたのだった。

30分ほどすると、再び鳴った。

カメラマンもディレクターもぼくも、音のする方向に視線を走らせる。

音源は、堤防のちょっとした吹き溜まり状の、空き缶やゴミが重なり合って捨てられているあたりではないか、と意見が一致。

さらに30分後、再び呼び出し音が……。

3人で、すかさず目星をつけたあたりに駆け寄り、ゴミの隙間を探し回るものの、音源は発見できず。

やがて暗くなり、電気ウキを使ってタチウオ釣りをしていると、闇の中にまたしても呼び出し音が響いた。

「トゥルルルルッ」

音源は、やはり同じあたり。

素早く駆け寄り、おそらくこのあたりだろうという場所で連続音をじっくり聞くと、狭い範囲内で音源がふらついていることが判明。

何度も呼び出し音を聞きながら、なかなか音源を特定し切れなかったのは、音源が固定されているわけでなく、ふらついていたからだった。

着信音と連動して光る着信光も、どこにも見当たらない。

間隔を置いてさらに2度、着信音は鳴り続けたが、結局音源を見つけられぬまま、午後9時の渡船で港へ帰ったのだった。

果たして携帯電話の着信音は、どこのだれのものだったのだろうか。

単独釣行でぞっとしたこともあった。

今春、ぼくは地元にほど近い西湘海岸のゴロタ場で、尺メバルを何尾も釣り上げた。その中に、尺上ばかりがヒットしてきた釣り場がある。最大は、33・4センチ。

さらなる大型を釣ってやろうともくろみ、夜中のゴロタ海岸へひとりで出掛けた。

国道の駐車スペースに車を止め、草木に覆われた階段を下って海岸へ下りる。

水辺に立ってソフトルアーをただひたすら遠投し、海藻の隙間を縫ってリトリーブ。メバルがヒットしてくるのは、ジグヘッドが海藻に引っ掛かりかけた時か、引っ掛かったジグヘッドがスッと外れた瞬間。

いつもなら、釣り始めて数分後にはイメージが固まり、集中し始めるのだが、この日はなぜか集中力を欠いた。

やがて、暗闇の中で背後にイヤな気配。

釣り場と国道との間にある草木の間を、何かしら黒い陰が走り過ぎたのである。

そんな気配を2度3度と繰り返し感じたところでぼくはタックルをたたみ、ゴロタ海岸を走るように引き返し別の釣り場へ向かったのだった。

その後も友人を伴って何度かその釣り場へ出掛けているが、以来、釣果があがったことはない。

理解できぬ現象の話はさて置き、得体の知れぬものや相手についても少々触れておくことにする。

こちらは、釣りそのものの話。

先日、瀬戸内海へメバル釣りに出掛けた。

メバル釣りの定石通り、港にあるオレンジ色の明かりの下でスローゲームを展開していると、プルルルルッとアジがヒット。

同じ大きさのアジとメバルを比べた場合、強いのはメバル。立て続けに何尾か、できることなら両方を釣りあげてみると、両者の違いがはっきり分かるようになる。

当然ぼくは、ヒットしたのがアジであるとはっきり分かった。

ところが、そのアジをスーッと引き寄せてくる途中、一瞬グンッと重くなり、次の瞬間沖に向かって走り始めた。

使用していたのは、PE0・4号。ストックしていたのは、わずか75メートル。

ファーストランが40メートル。いったん止まりしばし小競り合いを続けたものの、セカンドランでさらにラインを20メートル引き出された。そして、サードランで全てのラインを引き出され、あえなくジ・エンド。

正体は、シーバスだったかマダイだったか。いずれにせよ相当な大きさであることは間違いない。

翌朝、今度は別の堤防からアンダーショットでボトムレンジを攻めた。シンカーとしてぶら下げたのは、ナスオモリの3号。ラインは相変わらずＰＥ０・４号。シンカーから40センチ上に１・５グラム６番フックのジグヘッドを付け、１・８インチのソフトルアー『ビームフィッシュ』パールホワイトをセットする。

思い切って沖へキャストし、ボトムまで沈めてそのまま待つ。リトリーブすることもシェイクすることもせず、ただひたすら止めっぱなしで待ち続けたのである。

やがて、グイーッと重量感が伝わり、合わせると、魚が走り始めた。

落ち着きのある重い走りは、ラインの残りが５メートルほどになったところでようやく止まった。

そこから、じわりじわりと引き寄せにかかる。もちろん、すんなり寄ってくるわけではなく、走ったり、下へ潜ったり、激しく頭を振ったりと片時も油断できない。

残り30メートルを切ったところで、この魚はランディングできると確信した。頭を振る衝撃をかわしながら、徐々に距離を詰めてゆけば、間違いなく水面まで引き上げることができるだろうと考えたのだ。

ところが、そろそろ魚体を確認できるのでは、という距離でテンションが消えた。

あろうことかジグヘッドの6番フックが折れ、姿さえ確認できぬまま、魚に逃げられてしまったのである。相手は、マダイかヒラメか……。

背筋の凍るような不可解現象にせよ、予定外にヒットしてくる大魚にせよ、得体の知れぬ相手という点で共通であるが、どうせなら、夢のあるでっかい魚との遭遇に期待したいものである。

第21回

# 開高健から、多くを学んだ

## 開高健の綿密な情景描写には、読み返すたびに、何かしらの新鮮さを覚える

開高健（1930～1989年）という小説家が残した数々の作品から、ぼくは多くを学ばせてもらっている。

代表作は、ご存知『オーパ！』。

南米ブラジルを舞台にドラドやらピーコックバスやらを釣りまくった実釣紀行書で、集英社『PLAYBOY』誌上にて1978年2月号から9月号に連載後、1979年にハードカバーの大型本として出版されたものだ。

残念ながら、現在は絶版となってしまっているが、1981年に文庫本として衣替えした『オーパ！』は今なお出版され続けている。興味のある方は、ご一読いただきたい。

舞台は、アマゾンやパンタナール。無辺際の自然や野生をとらえた、高橋昇さんの迫力

に満ちた写真の数々も見事だが、やはり際立っているのは、開高健の綿密な情景描写。知らず知らずのうちにグイグイ惹きつけられ、いつの間にやら時を遡り、距離を越え、あたかも目の前に釣り場があるような気にさせられてしまうのだ。

学生時代に購入したぼくは、すでに何度読み返したか知れない。それでも、読むたびに何かしら新鮮さを覚えるのが素晴らしいところ。

語彙《い》の豊富さと、表現力の厚みゆえの読み応えであろうと納得している。ただし、ぼく自身の好みからいえば、『オーパ！』以上に惹きつけられるのが、それ以前の作品である『フィッシュ・オン』。『週刊朝日』誌上にて連載された世界釣行記を、やはりハードカバーの大型本として1冊にまとめ、1971年に朝日新聞社からリリースされたものである。ただし、これもまたすでに絶版であり、3年後に新潮文庫にてリメイクされた文庫本も、残念なことに現在では入手困難となってしまっている。

その『フィッシュ・オン』が、後に、数々の開高釣り文学へとつながるわけであるが、釣りに対する純粋さと、シンプルで分かりやすい表現方法は、釣行記を書く際のお手本といってよいに違いない。

ここらあたりで一応ことわっておかなければならないが、ぼくはここで、開高健を題材とした文学論を展開しようとしているわけではない。

「村越正海はどんな本を読んでいるのだろうか」

「どんな本から書き手として影響を受けているのだろうか」

「どんな着地点を目指して文章を綴っているのだろうか」

などといった内容の質問を時折り受けるため、ならばいっそのこと、どんな本を読んでいて、どんな本が好きで、どんな作家に影響を受けてきたのか、自分のなかでも整理しつつ、思い出しつつ、記してみようとしているだけなのだ。

開高健以外となると、好きなのは井伏鱒二（1898～1993年）。

代表作は、『山椒魚』『黒い雨』などであるが、大の釣り好きとしても知られ、釣りにまつわる文章も数多く残している。

その集積として筑摩書房より現在出版されているのが、『井伏鱒二文集』（第3巻、釣りの楽しみ）。

時代的にはやや古くなるが、氏の温和な性格（テレビでしか拝見したことは無いが……）がにじみ出てくる、穏やかでいたわるような文章は好感が持てる。

言い回しにもくどさや難しさは一切感じられない。

また、佐藤后石という師匠格の釣り名人に関する記述も数多く登場するが、よくよく読み返してみれば、井伏鱒二本人の釣り自慢はほとんど見出すことができない。

その点、「腕はプロ、心はアマ」と言い放つ『オーパ！』以降の開高健とはあまりにも対照的といってよいだろう。

シンプルでやさしい文章を書きたいとおもっている人には、絶好の教科書といってよい。井伏鱒二の釣り紀行は、釣りのメンタルな指南書としても価値がある。

「こんなロッドがおすすめです」

「こんなリールが絶対です」

「こんなルアーならきっと釣れます」

「ぜひぜひ、このメーカーの製品を買ってください」

などと、タックルやルアーの宣伝ばかりが目立つ〝釣りライター〟の方々には、ぜひ参考にしていただきたい1冊といえよう。（もちろん、タックルやルアーの宣伝が悪いといっているわけではありません。もっともっと重要なのは、釣りというレジャーを通して豊かな人生を手に入れましょうと公表すること。あるいは、釣りとはこんなに奥深い〝道〟なのであると、誠心誠意説き伝えることではないか）

これらは、何度も繰り返し読み続けることによって、じわりじわりと読み手に浸透してくるもの。

決して即戦力とはならないので念のため。

即効力を望むせっかちな人には、本田勝一の『日本語の作文技術』（朝日新聞社刊）をすすめたい。

もちろんせっかちな人だけではなく、プロのライター、プロの編集者なら、だれしも一度は同書に目を通しておくべきである。

基本的な文法から、読みやすい文章の構成、文章を書くための基本知識などが詰め込まれた、密度の濃い教則本なのである。

この本に関していえば、読んだ直後から、確実に文章が変わるハズ。文章を綴るのに苦痛を感じていた人も、おそらく、文章を書くのが楽しくなるに違いない。

現役の作家の中で好きなのは、第117回直木賞作家の浅田次郎（1951年〜）。代表作は、『鉄道員』『プリズンホテル』等など。

売れっ子作家らしく、数々の小説を矢継ぎ早に発表しているが、ぼくが好きなのは軽いノリで書かれたエッセイ。

JALの機内誌で連載中の、「つばさよつばさ」を毎号楽しみにしている。

浅田次郎のエッセイから学ばせてもらっているのは、文章のテンポや潔さ。

流れるようにサラリと読んでもらう文章を書くのなら、こんな感じに仕上げたいとおもっている。

もちろん、一朝一夕にできることではないと、重々心得てはいる。アイザック・ウォルトンの『釣魚大全』も、釣り文学の珠玉のひとつとして欠かすことはできない。

残念ながら、原文のまま読破できるほど英語がたん能でないため、訳本を読むことになるのだが、そうなれば当然、文章は訳者次第ということになる。

従って『釣魚大全』に、ウォルトン本来の文章を学ぶことはできない。求めるのは、釣りの世界の奥深さ、ということになる。

そんなこんな、あれやこれやをことあるごとに読み返しているのだが、悲しいかな現在、部屋に篭り、じっくり時間をかけて読むだけのゆとりを持ち合わせていない。

読書時間がとれるのは、移動中の飛行機や新幹線の中、あるいは、釣行先のホテルの部屋。常に数冊を持ち歩き、ちょっとした時間を見つけては、ぱらぱらページをめくっているというのが現実である。

いずれにせよ文章も釣りと同じ、到達点のない道と心得ている。

前へ進むためには、相応の努力と研究が必要なのは間違いない。

ならば一歩ずつ、遅々とであれ先を目指したいものである。

## 第22回

# このところ絶好調

## ルアー釣りも餌釣りも入れ食い状態。正直、恐ろしいほどの上り調子である

07年の本誌11月号で、「このところ何をやっても歯車がかみ合わず、スランプ真っ只中である」と書いた。

スランプというのは恐ろしいもので、これといった原因が分からぬまま、悪いことだけが立て続けに起こる。当然、釣りに出掛けても納得の行く釣果に恵まれることは稀で、概ねノーフィッシュという憂き目を見ることになる。

脱出策は見当たらず、ただひたすらじっと耐えるしかない。疫病神がふらりとどこかへ立ち去ってくれるのを願いつつ、辛抱強く釣り場へ通い続けるのである。

その甲斐あってか、年末頃から調子は少しずつ上向きとなり、年が明ける頃には絶好調となった。

新年会を兼ねて開催された船のシロギス釣り大会では、5尾の重量勝負で優勝は逃したものの、僅差の準優勝を獲得。

数や総重量を競うなら、技術や集中力でトップ成績を狙うこともできようが、何10尾も釣果のあがるシロギス釣りで、良型5尾の重量勝負となれば、もはや成績は運次第といっても過言ではない。

運次第の勝負で2位の成績をあげられたということは、紛れもなく調子が上向いている証拠。

下船後、釣果の集計表を見てぼくはおもわずニヤリと笑ってしまったのであった。

さらに、自ら主催し開催したカワハギ釣り会でも、百戦錬磨の名手たちをおさえ、尾数勝負でまさかの優勝。

乗合い船のアマダイ釣りへ出掛ければ、ぶっちぎりの竿頭。

もちろん餌釣りばかりでなく、ルアーフィッシングも好調そのもの。

「村越さん、このところ江ノ島の片瀬川河口でシーバスが順調に釣れています。時合は夜明け前2時間ほどなので、よかったら明朝いらっしゃいませんか。仲間と数人で、夜中からやってますから」と気の置けない釣友から誘いを受けた。

取材釣行続きで若干疲れ気味であったが、午前5時に起床し、30分ほど車で走り、時合終了間際の片瀬川河口堤防へ、『TDバイブレーション』を1個持ち、ノコノコ出掛けた。
聞けば、この日の釣果は芳しくなく、ずらりと並んだ釣り人たちが、時折りロッドを曲げている程度とのこと。

「釣りって、まあそんなものでしょう」などとよくある会話を交わしつつ、10フィート9インチの『ブランジーノ』をつなぎ、『イグジスト』2500番のベイルを返し、PE0・6号ラインをガイドに通してゆく。

30ポンドテストのショックリーダーの先に、『TDバイブレーション』をダブルクリンチノットでつなぎ、キャストを開始。

やがて、東の空がうっすら明るくなりはじめた頃、ボトム近くを転がすようにリトリーブしていたルアーがグンッと止まった。

すかさず合わせ、たわわにしなったロッドを眺めていると、グングングンというシーバス特有の、頭を振るような動きが伝わってきた。

そこで再びロッドをグイと引いて追いアワセをくれ、フッキングをより確実なものにする。

直後、シーバスが水面でエラアライを演じたところで周囲の活性が一気に高まる。

「ええーっ、村越さんヒットですか〜っ。ぼくたちずっとやっっててまだ1尾も釣り上げて

くれる。

「いないのに～っ」

恨みを口にしつつ、にこやかに駆け寄ってきて、ネットを構え、取り込み態勢を整えてくれる。

つくづく、仲間っていいもんだなぁ、などと感慨深くなってしまったのであった。

取り込まれたのは、丸々太った85センチの良型。

「村越さん、後からきたのにずるい。でもさすがですねぇ」

口々にそういっていただき恐縮してしまったが、心の中では、「何たってぼくは今、絶好調の最中ですからね」とつぶやいたのだった。

正直、恐ろしいほどの上り調子である。

それだけではない。

1月中旬に、釣り番組の取材に同行し、沖縄へ出掛けた。ターゲットは、カンパチ。番組の取材はメタルジグによるバーチカルジギングであったが、ぼくは同じ船の大ドモでプロデューサー氏と一緒に、エビングを試した。

エビングというのは、テンビンにメタルジグをぶら下げ、ハリスの先に結んだハリにソフトルアーをセットし、しゃくりながら魚を誘うという新しい釣りのスタイル。始めたのは、糸満の漁師さんたち。パヤオ周りのマグロ釣りでは、抜群の威力を発揮することが知られている。

そのエビングで、カンパチに挑んでみようと考えたのだ。

結果は、予想をはるかに凌ぐ好調ぶり。ほぼ入れ食い状態だったといってもよい。カンパチだけでなく、スマガツオやツムブリ、イソマグロ、ハタなどが立て続けにヒットしてきた。

「エビング恐るべし！」とは、威力を目の当たりにした船頭さんの弁だが、いやいやちょっと待っていただきたい。ひょっとするとこの入れ食いは、ぼくの上り調子のせいかもしれません。

というわけで近々、確認のために再び沖縄へ出掛けてみるつもりだ。

つい先ほどまで行っていた磯釣り雑誌のメバル取材では、暗くなるや否やソフトルアーにデカメバルが連発。

33・5センチを頭に1時間ほどで尺クラスを5尾。おまけに45センチと42センチのアジもゲット。

いやはや、ここまでくるとちょっぴり怖くなってしまう。

話はがらりと変わって、年明け早々「ザ・フィッシング」で、2週続けてマレーシアのセイルフィッシュゲームを放送した。

その放送を観た敬謙なるルアーフィッシャーマンから、以下のようなご意見を頂戴した。

「村越さん、セイルフィッシュの釣りは面白かったけど、先に魚をリリースしてから解説をした方がよかったんじゃないですか。船上に上げられた魚が弱っちゃうんじゃないかと、ヒヤヒヤしながら観てました」

ごもっとも。ぼく自身も同感である。ならばなぜ、そうしないのか。いや、なぜできないのか。理由は以下の通り。

現場で行動を共にする番組製作スタッフの中には、残念ながら釣りを趣味とする人はほとんどいない。当然、ゲームフィッシングのルールや、精神を理解している人は皆無といってよい。

カメラマンは、釣り上げた魚の頭から尾の先にいたるまで、じっくり撮影しようと試みる。魚が元気であることよりも、綺麗な映像を撮ることの方が重要であると考えている。例え魚が死んでしまっても、映像に収めることの方が大事であるとおもっているに違いない。その価値観を無視してむりやり魚をリリースしたとすれば、嫌がらせをしているように感じることだろう。

ゲームフィッシング的に美しいのは、キャッチした魚を素早くリリースしてから、どうやって釣れたのか、そして、釣り上げた喜びを並べ立てること。

いずれにせよそれらは、釣れたがための悩み。

下り調子となり釣果に恵まれなくなれば、そんな議論さえできなくなってしまうのである。

願わくは、ずっとずっと好調のままでいられればよいのだが……。

第23回

# 心も身体も癒やしが必要

## カチコチにこった身体はマッサージで癒やし、張りつめた気持ちは寄席と小物釣りでほぐす

週に1度は、近くのマッサージ店へ出向いてたっぷり1時間以上、固まった身体を揉みほぐしてもらうことにしている。

とりわけ、冬のトレーニング期間は店に出向く回数がぐんと増える。鉄板のように張り詰めた筋肉を少しずつ揉みほぐしてもらうのは、まことに心地よいものだ。

そのマッサージ店は元々、家から1キロと離れていない日帰り温泉の中で営業していたのだが、日帰り温泉そのものが数年前に閉店してしまったため、残念ながら行くことができなくなってしまった。

ならば別のマッサージ店を探せばよいようなものだが、一度行きつけを決めてしまうと、新たな店へ飛び込みで入るのはついつい億劫になってしまう。

それは、行きつけの船宿が決まってしまうとなかなか他の船宿へ行きにくくなってしまうのと何となく似ているようにおもわれる。船宿や船頭さんの性格や癖を知ってしまえば、船上で緊張することなく、のんびり楽しむことができるのと同じである。

ある日、行き先もコースも定めず、足の向くまま気の向くままにジョギングをしている最中、ふと見覚えのある名前の書かれた看板が目に飛び込んできた。紛れもない。日帰り温泉の中で営業していたマッサージ店が、意外なほど近くのマンションの1室で営業を続けていたのである。

おもわずそのまま飛び込み、予約の空き状況を確認すると、あいにくその日はびっしり詰まっていて、入り込む余地がない。

そこで翌日の昼過ぎに予約を入れ、その日はそのまま退散。すでに数週間のトレーニングで身体はカチコチに固まっていたのだが、家のマッサージチェアに長めに腰掛け、ごまかしごまかしトレーニングを続けていたのである。

翌日、午後1番にマッサージ店へ出掛け、指示されるまま、マッサージ台にうつ伏せに寝そべる。

マッサージ師その人に見覚えはなかったが、何度も通った店のマッサージ台に寝そべっているというだけで安心感が生まれるのだから不思議なものだ。

「お客さん、今日はどちらがこってますか」

「エート、肩から腰にかけての右背筋と、首回りです。よろしくお願いします」

「分かりました。途中で、強弱に関してご希望をどんどん言ってください。では始めましょう」

「お願いします」

実は、最初のこのヤリトリが、ぼくは大の苦手。

こっている箇所と程度を説明するとなればとことん細かく説明したくなってしまうし、かといってテキトーに説明して、曖昧なマッサージをされてしまうのも大いに困る。

その点、行きつけ店で馴染みのマッサージ師にかかる場合なら説明など要らぬ。いつもの状態を理解してくれているうえで、全身に手をかけつつその日の状態を即座に察し、的確な処置を施してくれるに違いないからだ。だいいち、シロートがこのあたりがこうのなどと説明するより、プロが直接診断してくれた方が正確であるに決まっている。

一応自覚症状は伝えるものの、あとはプロにお任せと言いたいのである。

「確かに右半身がとってもこってますね。まるで鉄板のようです。でも、左半身も相当こってます。おそらくご自分では右半身がひどすぎて左半身には気づかないんだとおもいます」

そう、それがプロというもの。身体を直接手で触りながら、状態を把握してくれればありがたい。となれば、シロートの説明など要らぬハズ。あとはお任せと決めた。

翌週は、取材釣行から帰って直ぐに出掛けた。

強風が吹き付ける荒磯のヒラスズキゲームを、ぶっ通しで3日も続けると、身体中の筋肉がきしみ、悲鳴を上げる。

疲れた身体を横たえると、前回と同じマッサージ師が身体を触り、「今日は特に首回りがこっていますねぇ」と、ぼくが感じていたそのままをずばり言い当ててくれたのだった。

もちろん、あとは一切お任せ。

時間をかけて、ゆっくり揉みほぐしてくれるのを待つばかりである。

話は変わって、先日、ぼくの釣り会に参加してくれた噺家の寄席を、下北沢の本多劇場まで観に出掛けた。

「機会があったら一度、寄席に連れて行ってください」

ぼくと同じ小田原市在住で、釣り好き、格闘技好き、落語好きの作家として知られる夢枕獏さんに前まえからそうお願いしていたのだった。

もちろん、獏さんもまた、釣り会常連参加者のひとりである。

「ちょうど、カワハギ釣り会に参加した春風亭昇太、林家彦いち、三遊亭白鳥の3人が一緒にやる会がありますから、都合がつくようだったら一緒に行きましょう」

ぼくは指定された日のスケジュールを調整し、午後6時半過ぎに本多劇場で、前夜遅く南アフリカの釣行から帰ってきたばかりの獏さんと落ち合い、会場に入った。

出演者は、前述3人の他、新作落語の旗手として注目されている柳家喬太郎。しゃべりのプロとはいえ、テンポのよさ、間の取り方、会場（客）とのあうんのコミュニケーション、アドリブの入れ方等など、どれをとっても流石と唸らせられる。聞いていて実に楽しい。思わず引き込まれる。魅せられる。

あっという間の2時間半が過ぎ終演を迎える頃に思ったのは、寄席は、疲れた精神をもみほぐす効果があるということ。

疲れた身体を癒すのがマッサージなら、疲れた精神を癒すのが噺家たちの寄席。噺家は、現代生活に欠かせない、精神のマッサージ師であるといってよい。

そういえば、ぼくが暇を見つけてはせっせと出掛けている、タナゴ釣りやテナガエビ釣り、ハゼにウミタナゴに小メジナといった小物釣りの数々も、実は、癒しの一環としての釣りなのかもしれない。

ヘビータックルで挑む大物釣り、例えばトップウォータープラグのキャスティングで挑むGTゲームやバーチカルジギングで挑むディープウォーターのカンパチゲーム、強風下で荒波に挑むヒラスズキゲームなどは充実感に満ち溢れていて楽しいことこの上ないのだけれど、体力の限界に挑むゲームであることも否めない。確かに身体は疲れるのである。それが取材釣行となれば、身体的な疲れに加えて精神的な疲れがのしかかってくるのもあながち否定できない。

大好きな釣りが仕事になっていること自体、これ以上の幸せはないのだけれど、しっかりトレーニングをしておかないと、身体がついて行けなくなってしまうのは目に見えている。楽しいけれど、真剣勝負であることもまた事実なのだ。

それだけに、よい結果に恵まれた際の充実感は例えようもないが、逆に、不本意な結果に終わった取材釣行となれば、精神的なダメージが大きくなる。

くる日もくる日も、そんな真剣勝負を繰り返しているうちに、子供の頃から慣れ親しんだ小物釣りが、無性にしたくなってくるのかもしれない。

今現在、マッサージ、寄席、小物釣りといった癒しが、ぼくの真剣勝負を支えてくれているのである。

第24回

# デカメバル検証釣行

## ゆるぎないはずの自信が、たった1度の失敗で、あっけなく崩壊してしまうとはおもわなかった

本誌前号（編柱：『ルアーマガジンソルト2008年5月号』）をご覧いただいた方は記憶に残っているかもしれないが、巻頭カラーで紹介されていたとおり、デカメバルを狙って九州まで出掛けたものの、行く手を悪天候に阻まれ、結局、子メバル釣りに終始するという不本意な結果となってしまった。

ただし、中川英生記者が書いていたように、ぼく自身としては十分得るものがあった。堤防際の子メバルたちと、これほど真剣に向き合ったことはこれまでになかったのである。見える子メバルたちの手ごわさは、十分知っているつもりだった。それが日中となればなおさらのこと。いやむしろ、ルアーで釣ることなど不可能に違いないと考えていたのである。

ところが、いやはや真剣に向き合ってみれば何かしら発見があるものだ。ソフトルアーをスライドさせるように何度かシェイクし、ピタリと止めてゆっくり沈めてゆくと、惑わされた子メバルが、ぱくりと飛びついてくるではないか。

しかも、フィギュア8で知られる『アイスジグ』にも圧勝というオマケ付き。

またひとつ、自分の釣りが厚くなったような気がする。経験とテクニックの引出しが増えたことは間違いない。

とはいえ、「デカメバル検証」などと大上段に構え、大腕振って出掛けていったにもかかわらず、それが例え15メートルを越す強風に阻まれ、まともな釣り場へ入れなかったというどうにもならない理由があったからとはいえ、結果としてデカメバルが釣れないのは正直ショックだった。大きな落胆である。反省もしなくてはなるまい。

何より、デカメバルは、本当にそれほど容易く釣れるのだろうか……。

ひとつひとつ地道に積み重ねてきた、ゆるぎないハズの自信が、たった1度の失敗で、不運で、これほどあっけなく崩壊してしまうとはおもわなかった。想像だにしなかった。

「デカメバルは本当に、簡単に釣れるのか」

「デカメバルは本当に、そこいら中で釣れるのか」

九州から帰った後、サイコロを振り出しに戻し、伊豆半島の中でも実績場所を捨て、未知なる場所へ挑んでみることにした。

某所、最大34・5センチ、尺上6尾。

某所、最大33センチ、尺上3尾。

某所、最大33センチ、尺上4尾。

釣り場は、手当たり次第。行き当りばったり。単なるおもいつき。

意識していることといえば、ゴロタ場で、海藻がほどよく茂っていて、カサゴやムラソイが適度に釣れる場所。敢えて某所としたのは、読者の皆さんにもとことん地元の海で挑んでいただきたいため。

どこそこの何々という釣り場、と特定の場所をあげてしまえば、「ははーん、そこがよく釣れるんだな」とおもってしまうに違いない。頑なに信じ込んでしまうに違いない。

関東地域以外に住んでいる方にいたっては、「そんなに遠くまで行けないよ。伊豆半島って、さぞかしデカメバルの宝庫なんだろうなぁ」などと、ため息混じりに羨んだりもするに違いない。

そうではない。伊豆半島が特別なんてことは決してない。だからこそぼくは、九州の北西の隅までデカメバルを狙って出掛けたのだ。

だいいち、そこいらあたりでは、港周りでも時に尺上が釣れているではないか。そんなことは、伊豆半島では、まずない。

港周りで尺上が釣れてしまう海のゴロタ海岸には、どれほどの大物が潜んでいるのだろう、と夢を膨らませたのである。

九州ばかりではなく、山陰、山陽、瀬戸内海、越前、北陸、四国、紀伊半島、等など。いやいや、それっきりばかりではあるまい。メバルなど、そこかしこの海に生息している。ひょっとすると、アナタの住む地域の、ひょんな場所がデカメバルの宝庫であるかもしれないのだ。

「まさか」なんておもうなかれ、ぼくだってつい数年前まで、伊豆半島にこれほどたくさん、デカメバルが生息しているなんて夢にもおもわなかった。

まさに灯台下暗し。いやいやお恥ずかしい限り。

今後は、特大のメバルを求めて、日本中の釣り場へどしどし出掛けてゆくつもりである。ヒラスズキを狙って出掛けたついでに、スズキを狙って出掛けたついでに、デカメバルも狙ってしまうつもりである。

アナタの住む近くの海の、お膝元のデカメバル、早く釣らないとぼくが出掛けていってビシバシ釣っちゃいますよ！

釣り方は、いたってシンプル。

ルアーは、今のところミノーやシンキングペンシルは一切使わず、ジグヘッドとソフトルアーの組み合わせ一本やり。

なぜかといえば、海藻帯を突破しながらリトリーブを行わなければならないため。そしてさらに、ヒットしたデカメバルがしばしば海藻の中に突っ込んでしまうため。

どちらのケースも、2本フックは明らかに不利、トレブルフックは論外、シングルフック1本の、しかもできるだけ小さなサイズのフックが扱いやすいのである。

それでいて丈夫なもの、となれば、具体的には6番サイズ以上のフックのジグヘッド。ウエイトは、1~2グラム。

セットするソフトルアーは、2インチ程度のシャッドテイル。カラーは、パールホワイトが無難。

向かい風に立ち向かったり、飛距離をかせいだり、深く沈めたい時は、30~40センチ離してスプリットショット（ガン玉）を挟みつける。サイズは、3~4B。必要に応じて1~3個をセットする。ちなみに3Bサイズのウエイトが1グラム、4Bサイズが1・25グラム。

キャスティング時にずれてしまうのを防止するためには、予めリーダーにウキ止めゴムを2個セットしておき、スプリットショットをその間にはさみつけるようにすればよい。

あるいは、スプリットショットそのものを、瞬間接着剤を使ってリーダーに固定してしまうという手もある。

ロッドは、7〜8フィートのメバル用。

リールは、ダイワ製品を例にとれば、2000番か2500番。

ラインは、PE0・4号か0・6号。最近のぼくは、もっぱら0・4号ばかりを使っている。

リーダーは、根ズレに強い、フロロカーボンの2・5号。メインラインをビミニツイストでダブルとし、セイカイノットでしっかりつなぐ。リーダーの長さは1・5メートル程度。

釣り方は、沖向きにキャストし、しっかり沈めてから海藻の中を突き抜けるようにリトリーブしてくる。

万度海藻に引っ掛かるからといって困惑する必要はない。デカメバルは、その海藻帯の中に潜んでいるのだ。

イメージとしては、リトリーブしてきてスプリットショットを海藻帯にぶつけ、ジグヘッドに付いたソフトルアーをふんわりと海藻帯に乗せてゆくようなつもりでやるとよい。

アタリは、海藻に引っ掛かった感触に続いて、グングンッと頭を振るような感触が伝わってくる。魚と判断したら強目に合わせ、強引に引き寄せにかかること。

ヤリトリの途中で海藻の中に突っ込まれてしまったら、そのまま静かに待ち、メバルが泳いで海藻の外に出たところでファイトを再開する。

取り込みは、ロッドで一気に抜き上げるか、リーダーをつかんで岩の上に引き上げる。そのためにも、強いフックと太目のリーダーが必要なのだ。

4月1日夜。

某磯釣り雑誌の取材で地元西湘のゴロタ場へ出掛け、最大30センチ、25センチ以上のメバル8尾の釣果を得た。

デカメバルは、おもいもよらぬほど身近な海岸に生息しているものなのである。

第25回

# 心温まる釣行記を書きたい

## 釣りは趣味ゆえ、遊びゆえ、個々がそれぞれ楽しめて心地よく1日を過ごすことができればよい

『釣魚礼賛』『続・釣魚礼賛』（榛葉英治著　日本経済新聞社）
『釣魚迷』（西園寺公一著　岩波新書）
『大物釣り』（永田一脩著　文芸春秋新社）
『幸田露伴　江戸前釣りの世界』（木島佐一著　つり人社）
『釣りの文化誌』（丸山信著　恒文社）
『にっぽんの漁師』（塩野米松著　新潮社）
『竿をかついで日本を歩く』（かくまつとむ著　小学館）
『江戸前の素顔』（藤井克彦著　つり人社）
『日本釣り紀行Ⅰ・Ⅱ』（小口修平著　つり人社）

『釣りに技あり』（お魚倶楽部編　ベースボールマガジン社）
『幻の魚と秘魚』（山谷正著　愛育社）
『釣魚名著シリーズ』12冊（福田蘭童他著　二見書房）
『釣具曼荼羅』（毎日新聞社）

以上は、今年に入ってから購入した、釣りに関する古本の一部である。これらを含む、ざっと数えて30冊以上の釣り本を、冬から春にかけて片っ端から読み漁った。

以前、本誌本項にて、好きな作家は、開高健や井伏鱒二や浅田次郎などであると書いた。今回の衝動的乱読は、筆者や文章が好きだとか嫌いだとかいうのではなく、古き時代の釣りの文化や風情やこだわりを、活字から感じたかったためである。

磯釣りに関する著述を目で追っていると、釣り場の様子が手に取るように伝わってくる。考えてみれば、磯釣り場というのは50年前も１００年前も、そして今も全く変わっていない。その点、工事によって大きく様変わりしてしまった多くの河川や、港湾や、砂浜海岸とは明らかに違う。

今現在、ぼくが知っている磯の地形が、50年も１００年も前から全く同じなのである。磯の上に立ち、ふと、いったいこの磯に、過去何人の猛者たちが挑んだことだろうと思いをめぐらすと、えもいわれぬ不思議な気分になるのである。

その普遍の釣り場を舞台として展開された当時の釣りを活字から想像すると、手作りの暖かさが感じられる。

不便な交通を乗り継ぎ、握り飯を携え、釣り餌を確保し、多くの困難を乗り越えて釣り場へ向かう一部始終がありありと伝わってくる。

困難が付きまとうゆえ、そこには多くの登場人物と多くの会話が存在する。周囲の協力を得なければ、釣りそのものが成り立たなかったのである。

今ならいとも簡単に、だれでも立つことのできる磯が、まるで霊峰の頂であるがごとく、苦労の末に行き着ける釣り場だったのだ。

釣りそのものは、根本的に今とあまり変わらない。

敢えて違いを明記するなら、道具が進歩したことと、道具の選択肢が増えたこと。その点に関していえば、選択肢が増えたというより、増えすぎて工夫する楽しさが激減してしまったのではないか、と心配にさえなる。

いきおい釣りに関する記述の多くが、「最新釣り具の選び方」といったカタログ風になびいてみたり、「その道具の使い方、使い分け方」といったマニュアル風に偏ってみたりしやすいのである。

古きよき時代を懐かしむべきだ、などというつもりは毛頭ないが、多獲を至上目的としたカタログ的、マニュアル的釣行記の氾濫には、いささか疑問が生じる。文化としての釣りが、急速に衰退してしまうのではないかと懸念されるのである。

もっともっと、その日その時の気分に即した自由で気ままで心地よい釣りを満喫しましょう、と呼びかける必要があるのではないか。

例えばぼくが、各地の釣り場から飛行機で、羽田空港へ戻ってきたとする。空港駐車場に止めてあった車に釣り具を放り込み、自らの運転で自宅へ向かう。空港から自宅までの距離は、80〜90キロ。選択するコースによって距離も時間も多少変わってくるのである。

選択肢は、大きく分けて3通り。

距離が短くて早朝や夜中の時間帯なら最も早く帰着できるのが、空港から首都高湾岸線に乗り、首都高神奈川線〜16号バイパス〜横浜新道〜新湘南バイパス〜西湘バイパスというコース。所要時間は、ジャスト1時間。

日中、交通量が多い時間帯に最も早く帰りつけるのは、前述16号バイパス〜東名高速道〜小田原厚木道で1時間15分。

以前は交通渋滞の難所であった16号バイパスが、何年か前の改修工事によって快適な道路に生まれ変わった。以来、ことあるごとに利用しているが、自宅から羽田空港へ向かう際の、最も安心できるコースなのである。

そして、もうひとつが、鎌倉から海岸線に出て、江ノ島～茅ヶ崎～平塚とひたすら湘南海岸に沿って走るコース。

一般道を通る割合が多くなる分だけ時間が多くかかるうえ、時間帯によっては渋滞が避けられない。所要時間だけを考えれば、あまり賢い選択肢とはいえないのだが、ぼくはこのコースが結構気に入っている。

理由は、海沿いのロケーションと、潮風を受けながら走る爽快感。

よほど風が強く吹いていない限り、ウインドウを開け放ち、太陽の光と海風をいっぱい浴びながら走ることにしている。もちろん、時間がかかることは承知のうえだ。

爽快な時間なのだから、多少時間が多くかかろうとまるで苦にはならない。むしろ、お気に入りの時間がたっぷり取れて嬉しいぐらいだ。

すなわち、家に帰るという目的は同一であったとしても、一刻も早く帰るか、短距離で帰るか、のんびりと過程をたん能しながら帰るかで、選ぶコースが変わってくる。

もちろん、時間を優先したい日もあれば、のんびり走りたい日もある。その日の天候や気分によって、選ぶ道が変わることだってある。当然のことではないか。

魚を釣る、という同一目的をもった釣りに関しても、同じようなことがいえる。

たくさん釣りたい人。のんびりやりたい人。現場でくつろぎたい人。大物を釣りたい人。数にこだわる人。強引に引き上げたい人。細イトでヤリトリを楽しみたい人。釣りの雰囲気を大事にしたい人。釣り具にこだわる人。等など、目的や楽しみをあげたらきりがない。趣味ゆえ、遊びゆえ、個々それぞれが楽しめればよいのである。心地よく1日を過ごすことができればよいのである。

共通の目的はただひとつ、魚を釣ること。

古きよき時代の釣行記には、時間と心のゆとりが感じられる。

読み進めるうちに、穏やかな気分になってくるのだから不思議だ。

最新情報や最新テクニックを詰め込んだ昨今の釣り本ではなかなか味わうことのできない、ゆるやかな時の流れがいつの間にやら心の中に入り込んでくるのである。

「あぁ、いいなぁ。時代を飛び越えて心に染み込んでくるような、釣り人の心をワクワクさせるような釣行記が書きたいなぁ」

温故知新とは、正にこんなことを言うのだろう。

釣りも文章も、少しでも理想に近づけるようもっともっと勉強しなくてはなるまい。

第26回

# 慌しい時間がアイデアを生む

## 慌ただしいさなかに、ちょっとしたきっかけで噴き出てくるアイデアに際限がないのである

時間に追われ、慌しい時をすごしていると、「この仕事が済んだらアレをやりたい」「時間ができたらこんなことをしてみたい」といったあれこれが、次から次と脳裏に去来する。学生時代の記憶をたどってみれば、「テストが終わったら、アレをしよう、コレをしよう」などと思ったことが、だれしも鮮明に蘇ってくるのではないか。

ところが、そこまでの記憶は「そうだったそうだった」と概ねはっきりしているものの、中味の〝アレ〟や〝コレ〟についてはさっぱり思い出せない。まして、〝アレ〟や〝コレ〟を実行したかどうかとなれば、なおさら闇の中。怪しくなってしまう。

実際、手間の掛かった仕事がようやく済み、一息ついたところで「さぁて」と、アレやコレに取り掛かろうとすると、「ハテ、何をやろうとしていたんだっけ」「アレやコレって

なんだったっけ」となってしまうことが少なくない。

つい先日も、こんなことがあった。

台風2号の接近、通過で海は大荒れ、予定していた実釣取材はことごとく延期となった。家の前の海岸にも間断なく大波が打ち寄せ、波しぶきを被った西湘バイパスは通行止めの処置が取られている。

当然、海釣りへ出掛けることはできない。

そんな時はすかさず川へ繰り出すことにしているのだが、大雨の影響で濁流と化し、川もまた釣りどころではない。

釣りを断念し、延び延びになっていた作業に手をつけようと考えたのであるが、いくつもあったハズの、こまごまとしたアレコレが、どうしても思い出せない。

十分な睡眠を取れないほどの忙しい毎日を送っている間には、ふとした瞬間に次つぎと脳裏に浮かんだアレやコレを、どうしても思い起こすことができないのである。

家の中をウロウロしているうちに、最初に思い出したのは、イシダイ釣り用のオモリを作り置きすること。去年の秋からテレビの前に置きっ放しにしてあったオモリが目に付いたのである。

そうそう、時間ができたら耐熱ラバーで型を取り、溶かしたナマリを流し込んでコイツをたくさん作っておこうと考えていたのだった。

磯のブッ込み釣りでは相当量のオモリを消費するため、数多く持参しなければならない。当然、根掛かりが少なければ持参するオモリの個数も少なくて済む。自然環境へのダメージも少なくなる。そのためには、根掛かりしにくい特殊形状のオモリを模索することが不可欠なのだ。

テレビの前に置いてあったのは、昨秋の釣行で同行の釣友が使用していたオモリで、一般的な小田原型オモリに比べ格段に根掛かりが少なかった。そこで、同形のオモリを次のシーズンまでにたくさん作っておこうと考えていたのだった。

ともあれ最初に思い出したオモリの型作りに着手すると、ふいに、カワハギ竿の穂先を削り込む作業を放ったらかしにしていたことを思い出した。

耐熱ラバーが固まるのを待っている間に、愛用のカワハギ竿を引っ張り出してきて、穂先部分のガイドを取り外し、サンドペーパーで削り込む。

ほどよい細さになったところで、取り外したガイドをスレッドで1個1個取り付け、エポキシ塗料で固め、見やすいように蛍光カラーで塗装して出来上がり。

今から、秋のカワハギ釣りの開幕が待ち遠しい。

さらに、イシダイ釣りの仕掛け作り、投げ釣り用の仕掛け作り、船のカワハギ釣り用の仕掛け作り、作りかけだったオリジナルロッドの製作作業、新しく発売するメタルジグのアクションチェック、犬小屋作り、未回収印税の催促、新しいTシャツのデザイン、メタルジグのパッケージ用の解説文書き、等など。

オモリの型作りが誘い水となって次から次と、アレやコレが井戸水のごとく湧き上がってきたのだ。

こんなケースが何と多いことか。

釣りにいたっても同じである。

真剣に釣りをしている最中に、今この状況の中で、別のルアーを試してみたい、別のカラーを試してみたい、もうちょっと長いロッドはどうなのか、もうちょっと軟らかいロッドはどうなのか、穂先は本当にこれでよいのか、ガイドは万全なのか、といったアレコレが、矢継ぎ早に浮かび上がってくる。

現在進行中の釣りに直接関わる事項なら、当たり前のことであるが、去来するアレコレは、いつでもその範疇に留まっているわけではない。

ちょっとしたきっかけで噴き出す湧き水は、際限がないのである。

そういった意味からも、自分の釣りのスキルアップを図るためには、もっともっと釣り場に足を運び、実戦を積まなくてはならない。そう分かってはいるのだが、複合競技選手のごとくあらゆる釣りに片っ端から首を突っ込んでしまっているぼくとしては、ひとつひとつの釣りにとことん、納得行くまで通い続けるのが難しい。

年間250日を釣行に費やしているとしても、20種類の釣りを手がけるとすれば、ひとつについてわずか12・5回となってしまうのだ。

そんな中から見出した自分なりのスキルアップの方法は、ある一定の期間、ひとつの釣りに繰り返し通うこと。魚種や、霧の深さによっては、周年、あるいは数年間しつこく通い続けることもある。

そうなれば、シーズンが重なるいくつかの釣りを封印しなければならなくなるが、長い目で見ればそれもまた仕方ないことである。

例えば、2年ほど前からは、かなり気合いを入れてゴロタ海岸におけるデカメバル釣りに取り組んでいる。あちらのゴロタ、こちらの小磯と釣り歩くばかりでなく、釣り方やら適性タックルやらルアーやらリグやらを徹底的に試していくうちに、コンスタントに尺上メバルが狙い撃ちできるようになった。

この2年間に釣り上げた尺メバルの数は、50尾を下らない。28~29センチとなれば、もはやカウント不可能なほどである。

さらに、同時にヒットしてくるシーバスにも、そのままのタックルで十分対処できることが分かった。

　そこから湧き上がったテーマは、シーバスロッドを根本的に見直すこと。

　モヤっと覆っていた霧が次第に晴れ、すっきり視界が開けると、そのはるか先にまた何かが見え始める。

　エギングに出掛ける頻度を極端に減らし、デカメバル釣りに専念したゆえに垣間見えた新たな世界。

　またひとつ、テーマが増えた。

　ただし今度はゼロからのスタートではなく、既存の、手慣れたシーバスフィッシングにわずかばかり手を加えるだけ。他のゲームを封印して専念するほどのことはないのである。

　人間、必ずしも、時間に余裕があれば色いろなことができるというわけではない。それはまさに、締め切りが迫り切羽詰ったタイミングで突然、堰を切ったように筆が流れ始めるのと似ている。

　すなわち、斬新な、驚くようなアイデアは、ゆとりの産物ではなく、慌しく過ぎ去って行く光陰の中から生まれ出ずるものであるに違いないのである。

第27回

# 自然を破壊する人間の愚行

## 自然をメチャクチャにする愚行を減らすためにも日本人はもっと釣りをするべきである

長年に渡り日本国中を釣り歩いていると、自然を急速に破壊している人間の愚行がいやがうえにも目に付く。

本誌カラーページの取材釣行で沖縄県の与那国島に3日間滞在し、帰路、石垣島で半日過ごしたのであるが、目に飛び込んでくる一見美しい景色を眺めながら、ぼくの心はなぜか悲しさを増していったのであった。

さして広くない与那国島内を縫いめぐらすように、立派な舗装路が走っているのには正直驚いた。確かに便利ではあるけれど、果たして本当に島民が望んだものなのか。代償として山は削られ水田が埋め立てられてしまっている姿が目に余る。

島の南西サイドに完成していた避難港は、どう考えても、避難する船を受け入れるために作られたとは思えない。

港内が狭いばかりか、出入り口には常にウネリが押し寄せ、真っ白いサラシに包まれているのだ。初めてやってきて、いきなりこの港に入るのは、極めて難しい。といって、隣の久部良漁港所属の船が入港するには狭すぎる。

どう見たって、土木事業者保護のために無理やり作ることになってしまった、使い道のないムダな港にしかおもえない。

さらに、各所に作られている展望台からの眺めは確かに素晴らしいけれど、展望台そのものが邪魔。原風景を台無しにしてしまっているじゃないか、と声を大にして言いたいのである。

それと、ちょっぴり気になったことだが、与那国島には人頭税にまつわる痛ましい歴史がある。

幅3メートル、深さ7メートルの岩場の割れ目を妊婦に飛ばせ、飛び越えたものだけが生きて子を生むことができた。その岩場の割れ目が、「久部良割《くぶらばり》」。

そしてもうひとつが、「人升田《とぅんぐだ》」。

ある日突然鐘が鳴らされると、決められた田に15～50歳の男子は集まらなければならない。集合が遅れ、田に入りきれなかった者は殺されてしまう。

共に、弱者を排除するための、人減らしの策であったといわれる。

そんな痛ましい歴史があることを、今の与那国島ではまるで感じない。もしや、テレビドラマ「Ｄｒ．コトー」のロケ地めぐりにやってくる観光客誘致のために、暗い過去に蓋をしてしまっているのではなかろうかと勘ぐってしまうのは考えすぎか。

少なくとも、与那国島の魅力って、牧場に与那国馬が自由に遊び、天然記念物でもある巨大蛾のヨナグニサンが飛び交い、どこまでも透明な青い海が広がる、手付かずの雄大な自然ではなかったのだろうか。

今釣行で、ぼくには、与那国島本来の魅力がだいぶ欠けてしまったようにおもえた。

石垣島はさらにひどい。

人気タレントが経営する喫茶店や、ガイドブックで紹介された八重山そばの店に観光客が群がり、灯台、展望台といったお決まりコースを皆が同じようにめぐってゆく。

観光のために山が切り開かれ、立派な舗装路がどんどん作られる。

それが、観光立県のあり方なのか。

そんな光景を目の当たりにしながら、つくづく「日本人はもっともっと釣りをするべきだなぁ」と思ってしまった。

ただし、釣りをするべきとはいっても、近年人気の高い、管理釣り場に走るのは問題である。管理釣り場そのものが悪いわけではないのだけれど、管理釣り場はあくまでも自然の釣り場に立ち向かうための練習場である。

危険のない広々とした池でキャストの基本を覚えたり、管理された濃い魚影の中で魚を掛けたり、取り込みのコツを会得するための人工釣り場にすぎない。

釣りを通して肌で感じてもらいたいのは、自然の変化や季節の移ろい。元々そこにいた魚が生き続けるために、ぼくたちは何を大切にしなければならないのか。

このまま放っておけば、人間は間違いなく地球をメチャクチャにする。少なくとも、日本人は日本のかけがえのない自然を破壊してしまうのだろうと想像がつく。

自然を守る立場にある多くの役人達が、本当の意味での自然を理解していないのだから救いはない。自然が自然のままの姿で維持される可能性は、限りなくゼロに近いのである。

以前、自らのブログの中で、地元の川の河川改修工事の惨状を訴えた折、「バカ行政」などと記載してお叱りを受けたことがあった。確かに、人にはそれぞれの立場があって、業務とあれば納得せずとも遂行しなければならないことだってあるのだろう。

そんな人それぞれの立場も考えず（全く考えていなかったわけではないのだが……）に「バカ……」などと書いてしまったことの軽率さは、確かに反省すべきだろう。

しかし、だからといって自然破壊も仕方なし、なんてことには決してならない。

「そうはいったって、道ができれば便利だし、人間が生活していくために自然を犠牲にしなければならないケースはいくらだってあるでしょう」

確かにおっしゃる通り。

自然破壊と引き換えに、便利さが生まれ、それを日常生活でありがたく活用させていただいているのも事実である。

問題は、その工事の際に、周辺の自然をメチャクチャにしないで欲しいということ。

例えば川に橋脚を作るために、いったん川の水をすっかり干してしまったり、工事で出たコンクリート塊を河川内に放置したりしないでいただきたいということ。

これは例えば、人間の体の治療行為をする際、悪いところを直すために、周辺はどうなっても構わないなどと考える医者がまずいないのと同様である。

ひとつの病床にメスを入れる際は、他所を傷つけないよう、細心の注意を払いながら慎重に慎重に事を進めるのではないだろうか。

河川改修工事を始めとする土木工事一般にしても、できることなら、いや、何が何でもそうあって欲しいとおもうのである。

つい先日、朝日新聞に次のような記事を見つけた。

内容は、とある河川で、以前多数飛来していたコアジサシが姿を見せなくなってしまったというもの。

それに対して、野鳥の会コアジサシ保護プロジェクトチーム代表の方のコメントが掲載されていた。

「かつては河川工事で川砂が積まれコアジサシが産卵しやすかったが、工事が少なくなり草が生えて砂の裸地が少なくなったことなど環境が変わったことも飛来数が少なくなっている要因」

それを見てぼくはますます悲しくなってしまった。

工事が少なくなったことが残念なことなのか。コアジサシが飛来するようになれば、その他諸々はどうなってもよいということなのか。

今、日本人に足りないのは、自然の中で遊ぶことではないだろうか。もちろん、作られたり管理された自然もどきではなく、自然のままの本当の自然。

そんな中で釣りを覚え、生涯の趣味とする人がもっともっと増えたならば、自然破壊という愚行は急速にペースを落としてゆくだろうし、ひょっとするときれいさっぱり消え去ってしまうかもしれないとおもうのだがいかがだろう。

第28回

# 数にこだわる船頭さんの悪態

## 船頭さんの機嫌が明らかに悪い。ひょっとしてそれは、ぼくに原因があるかもしれない

沖釣り雑誌の実釣取材で某日、東京湾のとある有名な船宿へ出掛けた。ターゲットは、タチウオ。

事前情報によれば、レンジは10メートルから30メートル程度で魚影はすこぶる濃い。となれば、釣果は堅い。タチウオのぶら下げ写真が撮れなかったらどうしよう、などといった心配はまるでない。

それこそ、大船に乗った気持ちで現地へ出掛けたのだった。

メインタックルは、シーバスやタチウオのバーチカルジギングに使用しているベイジギング用（ベイトタックル）。

その他に、メバル用スピニングタックルも持参し、繊細かつスリリングなゲームを展開

してやろうと考えた。

釣果が堅いなら、色いろやって楽しみたい。あれやこれやの実験だって自由自在。仕事としては、何尾かの釣果があればそれで十分。

今期初のタチウオ釣行ということも手伝って、珍しく興奮気味に、当日を迎えたのだった。釣り場に到着して釣り始めるやいなや、事前情報通り、船上のあちこちでロッドが弧を描いた。

やや遅れて仕掛けを下ろし誘い始めると、すぐにゴツゴツッときた。そのままゆっくり、スーッと仕掛けを引き上げてくると、水面下10メートルほどのところでもひっきりなしにアタリがある。

何気なく、船べりから身を乗り出して水中を覗いてみると、ナント、オモリや餌がはっきり見えるだけでなく、その周辺に群がるタチウオの姿までもがはっきり目視できるではないか。

「おおーっ、凄い凄い、タチウオの姿がはっきり見える。アッ、いま餌に飛びついたゾ。あっ、惜しい」

反転してギラリと光るタチウオの姿を見つけては、同行の記者とともに、身を乗り出して興奮したのだった。

この日の東京湾金谷沖の水温は、摂氏27度。明らかに外洋の水が流れ込んできたとみえ、7～8キログラムはあろうかというでっかいシイラの姿も見かけられる。

何より、これほど透明度のよい東京湾は生まれて初めてである。試しに仕掛けをゆっくり沈めて行くと、20メートルまでオモリも餌もはっきり見える。

そんな、澄んだ東京湾の水中で繰り広げられるタチウオの捕食ショーに、ぼくはしばしば夢中になった。

強めにしゃくるとオモリは躍るが、その先の餌はさして動かない。そのせいか、オモリにアタックしているタチウオの方が圧倒的に多い。となれば、タチウオが餌に近づいてからは、ゆっくり誘った方がよい。食い損ねても、タチウオたちは何度も何度も餌に食いついている。

ぼくが夢中になっている間に、船上の釣り人たちは着実に釣果を伸ばしている。どの顔も嬉しそうであり、そしてまだまだ真剣そのものだった。

タチウオの観察ばかりで一向に釣果の上がらないぼくを見かねた船頭さんが、「村越さん、もっと強めにしゃくった方がいいですよ」とアドバイスをくれた。

ありがたい話ではあるが、別段、苦戦しているつもりはない。

ただ単に、千載一遇と思われるチャンスだけに、じっくり観察してみたかっただけなのである。

これほどの釣れっぷりなら、多少スタートが遅れたところで、取材が怪しくなることなどあり得ない。魚持ちの写真を撮ることなど、たやすいハズである。

案の定、指示ダナまで仕掛けを下ろして釣り始めると、コンスタントに釣果があがりはじめた。

20尾ほど釣ったところでタックルを置き、船頭さんの話を聞きに操舵室へ行った。

「いやぁ、もの凄い釣れっぷりですねぇ。しかも、透明度が素晴らしくいい。さっきは、船下で泳いでいるタチウオがたくさん見えました。餌に食いつくところも結構見えました。驚きです」

「4日前の日曜日からこんな感じですね。外の潮が入ってきたから釣れるようになったんです。それまでは厳しかったんだけどね……」

興奮気味に話し掛けたぼくに顔を向けることもなく、つまらなさそうにそう答えたのだった。

それでもめげることなく話し掛けた。

「こんな様子じゃあ、50尾以上釣る人も出るんでしょうねぇ」

「このところの竿頭は70尾以上です。だけど今日は一生懸命数を釣ろうという人がいないからダメですね。簡単な釣りじゃあないから、だれでもってわけには行かない。それなりの技術を持った人が、一生懸命やってくれないと数は揃わない。今日は、ダメですね……」

「常連さんは、乗っているんですか」

「今日はいない……」

ブツ切れの、繋がらない会話はすぐに終わった。船頭さんの機嫌が明らかに悪い。ひょっとするとそれは、水中のタチウオを見てはしゃいだり、竿を置いてノコノコ操舵室に話し込みにきたりしているぼくに原因があるのかもしれない。

会話の中に、「オマエ、もっと一生懸命やって数を揃えなきゃダメじゃないか」といった、刃のような鋭い抗議がチラついていたのだった。

すごすご引き返し、再び釣りを開始。

「いやぁ、何か船頭さんが不機嫌なんだけど、もっと一生懸命数を重ねろって言われているみたいなんだよね。あれは明らかに怒っている。間違いなく不機嫌だよ」

「そうですねぇ、さっき顔を出した時も、『今日は上手い釣り人がいない！』って嘆いていましたから。確かにそう思います」

「じゃあ、ちょっと頑張って50尾ぐらい釣っておこうか。しかしねぇ、何で釣り人が船頭さんのご機嫌取りをしなきゃいけないんだろうねぇ。これって最低なんじゃない?」

「そうですねぇ。最低だと思います」

「だよねぇ。まっ、いいか」

その時点から、ハイペースで数を重ねた。

もちろん、そういう状況であったとしても、メバル用スピニングタックルで大げさにロッドを曲げ、「うおぉぉーっ」などと騒いだり、ベイジギングタックルでビシバシ合わせ、ドンピシャのフッキングにひとり酔ったりと、楽しむことだけは忘れない。

雑誌の取材用の写真はすっかり撮り終わっていたし、持ち帰り用の魚も十分すぎるほど確保した。あとは、ベタナギの海に浮いた釣り船のミヨシに座り、のんびりと潮風に吹かれていたかった。しかし、微妙なモタレをキャッチして、フッキングに持ち込んだ時の達成感も心地よい。

ひとしきり、ぼくはタチウオとの駆け引きに没頭したのだった。

「よーし、これで50尾達成。これだけ釣ればもういいでしょう。船頭さんに怒られることもないでしょう」

「そうですね、十分だと思います」

記者の同意も得たところで、ぼくは早々に釣りを終了した。

　ところが、操舵室へ行き「村越さんも何とか50尾釣ったようです」と伝えた記者に、「まじめにやれば80尾は釣れたハズなのに」と、相変わらず不機嫌そうな顔をしたまま船頭さんは言い放ったという。

「そりゃあヒドイね」

「ヒドイです」

「何のためにそんなに釣らせたいの？」

「新聞情報を出すためでしょう」

「そのためにぼくが一生懸命やらなきゃいけない理由って何かある？」

「いえ、全く」

　それにしても、いまだ、これほど意識レベルの低い船頭さんがいることにぼくは驚いたのだった。

第29回

# 年相応の釣り師でありたい

## これから歩む50代の釣りは、できるだけしっとりとあくせくせずに行きたいとおもう

「年齢相応の釣り」があるとおもう。

10代には10代の、20代には20代の、そして40代、50代にもそれぞれ年相応の釣りに対する姿勢があると思うのである。

例えば10代の釣りは、がむしゃらであってよいとおもう。

いや、できることならがむしゃらであってもらいたい。

無理して落ち着いた風情を演ずるより、ただがむしゃらに突っ走って欲しいのである。

10代の頃の己を思い返してみると、呆れるほどにがむしゃらだった。

没頭していたのは、主に磯のイシダイ釣り。フィールドは、自転車で行ける西湘海岸の米神から、真鶴半島にかけての磯。もちろん、地磯ばかりである。

当時憧れていた伊豆半島ほどではないにしろ、一応、イシダイが生息しているのだから釣り場そのものに不満はない。休日には1日中、平日は学校帰りに自転車でちょいと、といった具合に通い詰めていたのだから、年間釣行回数はおそらく、150回を上回っていたに違いない。

頭を悩ましたのは、餌。

イシダイ釣りの餌といえば、押しなべて高価なものが多い。サザエ、トコブシ、アワビ、ウニ、マガニ、オニヤドカリ等など、そして時には、イセエビを使用することだってあるのだ。

10代のぼくが頻繁に使ったのは、イワガニ、サワガニ、ザリガニ。

どれもこれも絶好というわけにはいかないけれど、全くダメというわけではない。実際、これらの餌に食いついてくれた奇特なイシダイは、数え切れないほどいたのである。

大切なのは、既成概念に感化され、挑む前から挑戦を諦めてしまうこと。

有り余る経験と、数え切れないほどの失敗を繰り返した熟年釣り師ならイザ知らず、若さゆえの特権ともいえるチャレンジ精神を忘れてはならないのである。

10代の釣り師なら、何事にもトコトン挑んでいただきたい。既成概念など気にする必要はない。失敗を恐れる必要もない。いや、失敗経験こそが、現代の若者に最も欠如していることであるに違いない。

そういえば、地元の小田原高校を卒業してから東海大学海洋学部に入学するまでの数年間（すなわち浪人時代）、北海道から沖縄、小笠原にいたるまで、旅人のごとく日本中を駆けずり回り、ひたすら釣り三昧の日々を送っていたことがある。

もちろん、有り余るほどのお金を持っていたわけではない。なけなしのお金を握り締め、節約に節約を重ねながらの旅を続けたのであった。

バックパッカーの聖地、北海道では、多くの旅人が駅を宿泊地にしていた。最終列車が出た後、三々五々集まってきた旅人たちが思い思いの場所に寝袋を広げ、粗末な食事をして寝袋に潜り込む。

開放感、自由さ、そして実体のない何かへの挑戦を常に実感していた。10代の熱き思い、20代の主張は、こうして積み上げられたがむしゃらな挑戦の結果であるべきなのである。

その頃、痛切に感じていたのは、同じことを30代、40代になってやっていたら、みっともないだろうなぁ、ということ。

すなわち、10代、20代はなりふり構うことなどないのだろうが、30代、40代と年を重ねて行くに従って、年相応を意識しなければならない。保守的にならない範囲で、変に分別臭くならない範囲で、そして野望を捨てない範囲で、熱き心を忘れぬ範囲で……。

ぼくが『ザ・フィッシング』というテレビ番組に出演させていただくようになったのは、今からおよそ24年前。26才の頃である。

番組が始まったのが、1983年10月。

ぼくの初出演が、翌84年8月。ちなみに初出演の際の釣り物は、カツオとシイラ。船宿は、神奈川県佐島港の「深田屋」さん。一緒に釣りを楽しんだ西山徹さんも出門英さんも、故人となってしまったのが悲しい。

その後ことあるごとに声を掛けていただき、出演させていただいた。

その期待に応えようと、20代のぼくは、その都度全力投球で取材に向かった。

ディレクターに「そこまで」と言われるまで釣り続けること。少なくとも自分から諦めましょうというのは、釣り師として失格であろう。そう信じて疑わなかったのである。

そのあたりの発想に変化をもたらしたのは、番組キャスターを仰せつかった35才以降。釣り師からキャスターに立場が変わると、当然視点が変わり、それまで皆目分からなかった様々なことが見え始めてきたのである。

例えば、釣り師が自分から釣りを止めましょうと言わないのと同様、カメラマンも自ら「今日はこれぐらいにしましょう」などとは絶対言わない。（まあ、例外はあるのですが……）

言ってみれば、プロとプロのぶつかり合い、粘り合い、限界が近づけば意地の張り合いとなることだってある。

そこでストップ宣言を下すのは、本来、ディレクターの役目なのだが、釣りそのものを理解していないディレクターには、的確な英断を下すことができない。

そこでキャスターであるぼくが、釣果を得る可能性、スタッフの疲労具合、カメラのバッテリーの残量と翌日に向けての充電時間の確保、等など、諸般諸々を考慮したうえで、「では、今日のところはこれまでにいたしましょう」とストップフィッシングを宣言するのだった。

『ザ・フィッシング』におけるキャスター制度は現在行われていないため、ストップフィッシングを宣言するのはディレクターの役目である。雑誌の取材なら、同行の編集者がその役目を担うことになる。

テレビ、雑誌を含め、20代、30代の釣り師が実釣取材に望む場合は、自ら諦めの言葉を発したりなどしないでいただきたい。

エンドレス勝負を挑むぐらいの気骨を見せるべきだろう。

今年の3月にぼくは、いよいよ50才の大台に突入した。

10代には10代の、20代には20代の、30代には30代の、そして40代には40代にふさわしい釣りをしてきたつもりであるが、振り返ってみればやや張り切りすぎか、という反省面も多々ある。

これから歩む50代の釣りは、できるだけしっとりと、あくせくせずに行きたいと思う。若い釣り師から落ち着いた釣り師へ、青年釣り師から大人の釣り師へ変貌したいと願っている。

数にこだわりすぎず、型にこだわりすぎず、がむしゃらになりすぎず、それでいて向かう心は熱くあり続けたいというのが当面のぼくの願い。

繰り返し宣言します。

ぼくはこれから、50代の大人らしい釣り師を目指すよう心掛けて実釣に挑みます。

もちろん、そんなぼくを無視して10代、20代、30代の若き釣り師たちはがむしゃらに突っ走っていただきたい。

「年齢相応の釣り」

そんなことができるのも、魚釣りのよいところなのかもしれない。

50代の釣りは、自分は、どうあるべきか。「年齢相応」の釣りを実践するのは、意外と難しいことなのかもしれない。

第30回

# 1年365日はあまりに短い

## 時間がなくて仕方ない。もっともっと釣りに行きたい

「村越さんは1年間に何日ぐらい釣りをしているんですか？」

「えーと、250日から300日の間ぐらいかな」

「えーっ、そんなにですか」

「気持ちのうえでは毎日釣りをしているつもりなんだけど、移動日とか、台風とかでできない日もあるから、きっとそれぐらいになるんじゃないのかなぁ」


しばしば、いや、年がら年中、あちこちでそう聞かれる。

釣り場やイベント会場で偶然出会った人や、編集者、ディレクター、プロデューサー、船頭さん、釣り具メーカー関係者など、職種を問わず、業種を問わず、性別を問わず、年

齢を問わず、釣りに関するあれこれで関わった人たちから投げかけられる質問のうちで、最も多いのが、コレである。

あらゆる釣りにどっぷり浸かり、多くのメディアに登場しては、あの釣りに手を出したりこの魚に熱くなったりと、神出鬼没、無節操極まりない釣り暮らしをしている村越正海の生活は、一体全体どんな風なのだろう。ひょっとすると、1年365日を釣り場で過ごしているのではないか。家になどめったに帰らないのではないか。などと反社会的生活の片鱗を覗いてみたくなるのだろう。

気持ちは分かる。

ぼくだって、普通の生活形態から外れた人々の生活実態には少なからず興味があるし、できることなら自分の生き様への活力にしたいと思っている。

例えば、格闘家の魔裟斗選手の生活サイクルは、夜10時就寝、朝6時起床。全ては体作りのためで、夜の街に出掛けて飲み歩いたりはしない。ひたすらトレーニング漬けの毎日を送っているのだという。

とあるテレビ番組で耳にした、プロ野球阪神球団の金本知憲選手の話も印象的だった。正確に覚えているわけではないが、「現役の選手生活を送っている以上、自分にオフはない。シーズンが終わってもトレーニングは続く。オフになるのは、選手を引退した後です」といった内容だったハズである。

そして、ここから先は想像でしかないのだけれど、おそらく魔裟斗選手も、金本選手も、今の生活が心地よいと感じることはあったとしても、辛いと思ったり、逃げ出したいと思ったりはしていないだろう。

いやむしろ、現実は逆。

もっともっと時間が欲しい。もっともっとトレーニングをしたい。もっともっとモチベーションを高めるために自分を追い込みたい。などと欲しているのではないだろうか。

理由は簡単。

魔裟斗選手は格闘技が、金本選手は野球が、それぞれ大好きだからである。

冒頭のヤリトリをした後に、

「そんなに釣りばかりしていて飽きませんか？」

と聞かれることも少なくない。

この質問に対する胸の内は、魔裟斗選手や金本選手と全く同じ。ぼくは釣りが大好きだから飽きるなんてことはありえない。それより何より、釣りを真剣勝負の場、一生の仕事と考えている以上、「飽きる」などといった発想はどこからも、微塵も湧いてはこないのである。

これもまた現実は逆。

時間が足りなくて仕方ない。もっともっと時間があれば、もっともっと釣りに行きたい。もっともっと現場に出掛けてもっともっと色いろなことを試したい。試行錯誤を繰り返したい。もっともっと上手くなりたい。もっともっと自然にとけ込みたい。もっともっと……。

実際、手掛けている釣り種が多いために、どの釣りも不十分で現状には到底納得できていない。もっともっと「技術」を高めたいし、ひとつひとつの「釣り」を、そして「釣り場」を詳しく知りたいと熱望しているのだ。

「飽きるどころか時間が足りなくて困っているくらいです。時間があればもっともっと釣りに行きたいですね」

「えっ、今以上にですか」

「そうです」

「飽きませんか」

「全然飽きません」

「全く？」

「全くです」

「よっぽど釣りが好きなんですね」

「たぶん」

　質問する側にしてみれば、多少は「辛くて辛くて」といった言葉や、「飽き飽きですねぇ」などといった大変さに繋がる言葉のひとつも聞きたいのだろうが、ぼく自身がそう思っていないのだからいくら粘ってもむりなのである。

　しばしヤリトリを経て概ねこのあたりまでくると、ようやく納得してくれるというか、それ以上聞くのを諦めてくれるケースが多い。呆れてモノが言えないといったことなのかもしれないが、それで結構。

〝コイツは釣りなどという本来なら趣味の世界を仕事にしやがって、けしからんヤツだ。趣味が仕事となればきっと辛いことだってあるに違いない。いやきっとある。「辛い」と言わせてみせる。のうのうと、遊びほうけているような仕事など断じて許さん〟といった勢いも始めのうちは垣間見えるのだが、やがて〝コイツは話にならん〟と、抜いた刀をそっとサヤに収めてくれるようなのである。

　では居直って、この秋待機中の釣りをいくつか羅列しておく。以前、本項にて「夏に待機中の釣り」を列記したこともあったが、今回は同じ悶々シリーズの秋版である。

　シーズンが終わってしまうのを恐れつつ、隙あらば出撃しようと狙っているのが、相模湾のキハダ。

8月に突然釣れ始めた20キログラムオーバーのキハダは、相模湾にしては異例中の異例。相模湾が突然、沖縄の海になってしまったような錯覚さえ覚える。

それはともかく、でっかいキハダが目の前の海でウロウロしているのだからそれに挑まない手はない。

どうにかこうにか20キログラムオーバーを2尾キャッチすることはできたものの、2度、エビングのワームをハリごと飲み込まれ、80ポンドテストのフロロカーボン製リーダーハリスを切られてしまった。もっともっと大きなヤツがウロついているのは紛れもない事実なのである。40キログラムオーバーはもとより、50キログラムだって、60キログラムだって可能性は十分あるのだ。

他に、昨年からずっと釣れ続けている伊豆半島のヒラスズキにも足しげく通いたいし、日本各地のシーバスも冬が近づけば佳境を迎える。

ここ数年通い詰めているデカメバルも、ぼちぼちシーズン突入の気配が漂い始めた。今シーズンは初期から精力的に挑んでゆこうと考えている。いつか、40センチの大メバルに出会いたいのだ。

メバル通いが高じて今年の春はついついおろそかになってしまったエギングへも、積極的に出掛けたい。つい先日の様子見釣行でも好気配が感じられたのだから、どうしたって心ははやる。

他に、ブリ、ヒラマサ、カンパチといった青物もシーズン真っ盛りだし、大型マダイの釣果が各地で上がり始めている。一昨日出掛けた大原沖では、エビ餌のシャクリ釣りで小型主体ながら20尾以上をキャッチできたものの、エビ餌代わりにワームを付けたシャクリ釣りでは、ついぞ1尾も釣り上げることができなかった。

当然、タイミングを見計らって再び挑んでみたいと思っている。

まだまだここにあげ切れないルアーフィッシングが数々あって、そしてさらにイシダイ釣りだのメジナ釣りだのといった磯釣りや、河口ののんびりハゼ釣りや砂浜の投げシロギス釣りも只今真っ盛り。

さらに、カワハギ釣りだのアマダイ釣りだのスミイカ釣りだのといった船釣りも含めれば当然時間が足りない。飽きる気配など微塵もない。

道はまだまだ続くのである。

第31回

# 釣りの目的とは何か？

## プライベートの釣りにおいて釣果によって充実感が変わってしまうことはない

「テレビや雑誌を観ていると、村越さんはいつでも楽しそうに釣りをしていますねぇ」

釣り場で出会う不特定多数の方々から声を掛けていただき、そういった内容の感想を頂戴するケースが少なくない。

そんな時は決まって、

「いえいえ、『楽しそう』ではなく、実際に楽しませていただいています。役者じゃないので楽しくもないのに楽しそうな演技はできません。現場が楽しくなければ楽しい雰囲気は出せませんから、申し訳ないけど心底楽しませていただくようにしているのです」

と答えることにしている。

先日も、プライベートで出掛けたとある乗合船の船上で、初対面のルアーフィッシャーマンと似たような会話を交わした。

カツオのナブラを求めて船長が西に東に舵を切り、鳥の動きを追って走り回っている間に、広々としたミヨシには、まったりとした空気が流れていたのである。

「そもそもぼくは、釣りをしていること自体が好きなんですよね」

「釣れなくてもですか?」

「そう、釣れなくても」

「釣れなかったら、つまらないんじゃないですか?」

その日は思うような釣果が上がらないばかりか、ナブラを発見できず、ほとんど釣りをしないままのクルージング状態が続いていたのだった。

それでもぼくは、穏やかな海上で心地よい潮風を浴びながら、丹沢、箱根、真鶴半島と続く景色を眺めているだけで心が満たされていたのである。

「釣りに出掛けたからといって、いつでも必ず狙った魚が釣れるとは限りません。魚によっては、釣れない日の方が多かったりもするでしょう。今日のように、釣りさえままならないケースだって実際あるわけですからね。なかなか釣れない釣りに挑んでいるにも関わらず釣れなかったらつまらないとするなら、出掛けた釣りのほとんどがつまらない1日になってしまう。せっかく楽しみに出掛けたのに、むだな、つまらない1日にしてしまうなんてもったいないじゃないですか。釣りそのものを楽しむことができたら、出掛けた全ての釣行が充実した楽しい1日になる。釣り人は、釣果に固執しすぎることなく、釣りそのものを楽しむようにしたらいいと思うんだけどな。もちろん釣ることを最大の目的としているのだから、釣れるにこしたことはないんだけどね」

「ナルホド。何か釣りの楽しみ方が分かってきたような気がします」

「それはよかった」

釣りそのものを楽しむというのはそれほど難しいことではない。考え方ひとつでだれにでも簡単にできる。

例えば、実釣へ出掛けるまでに、仕掛けやらタックルやらの準備を周到に行う。ロッドはどうの、リールはこうの、道糸やらリーダーやらは軽く流すにしても、ルアーフィッシングならルアーに、餌釣りなら餌にとことんこだわってみるのも面白い。それはただ単に効率よく目的の魚を釣るため、ではなく、こだわって選び、手に入れることを楽しむのである。

そうして手に入れたロッドやリールやルアーや餌を現場で使う時、おそらくときめくに違いない。そのときめきこそが、釣りの一部であり釣果に関わらず充実感を得られる秘術なのである。

釣りを開始すれば開始したで、またまた楽しみが生まれる。サテ、食い気のない魚とどう向き合うか。潮の状況は、風の状況は、潮回りは、満潮干潮の時刻は、波っ気は、水温は、等など。考え、思考を凝らすところはいくらだってある。試したいことを存分に試した後なら、そこそこの充実感が得られて当然である。

もちろん、釣れなくて悔しい気持ちを拭うことはできない。時にはせっかくヒットした魚がフックアウトで逃げ去ってしまうなんてこともあるだろう。予想外の大物にラインをぶち切られることだって時にはある。すんでのところでポロリとフックが外れ、悠然と逃げ去る魚の残像は、何年経っても脳裏に焼きついたまま消えないものだ。

それもこれも、みな、釣りの楽しさではないか。

悔しい気持ちは明日の希望である。一歩先を目指す糧となる。以後、ハッキリした目標を持って実釣に挑めるに違いない。

1日を楽しかったと感じるかどうかは、釣り人自身の考え方ひとつで変わってしまうもの。せっかく出掛けた1日を、自らつまらない日としてしまうのはあまりにもったいない。

どうせなら、楽しい1日だったと思い、振り返りたいではないか。

友人のひとりに、風間深志さんというバイク乗りがいる。

バイクによるキリマンジャロ登頂から始まり、北極点南極点到達、パリダカ参戦等など、地球上に数々の足跡を刻んできた名だたる冒険家であり、自然遊び大好き人間である。

その風間さんがたいそう釣り好きで、何度か釣行をともにさせていただいている。

大好きなのは渓流のフライフィッシング。従って、一緒に出掛ける先も日本各地の渓流である場合が圧倒的に多い。

日頃から「釣り釣り、釣りへ行きたいなぁ」と口癖のように言う彼と実際現場に出掛けてみると、ガツガツ釣りをするわけでもない。そこそこ釣ると、河原に寝そべったりしているのである。

「村越さん、俺ってさぁ、釣りは大好きなんだけど、釣り場にやってくるとそれだけで満足しちゃうタイプなんだよね。釣り場で寝そべって、空を眺めるなんて最高だね。いくら釣りがうまくったって、周りが見えない釣り師は好きじゃないよ」

と、のたまうのである。

釣れようと釣れまいと、とことん釣り続けることが半ば目的の取材釣行は別として、普段の、プライベート釣行ではしばしば同じような心境になる。

釣り場まで出掛けたことによって一種の満足感に満たされてしまうのだ。

そのあたり、よくよく考えてみると、プライベート釣行におけるぼくの釣りは、釣果によって充実感が変わってしまうことは全くない。

釣りに出掛けたこと、何かを狙って竿を出したこと、周囲の景色をたん能すること、そして、釣り場で出会った釣り人や船頭さんと釣り一色の会話を交わすことによって、釣果以上の充実感を得られるのである。

もちろんぼくの場合は、釣行日数の限られたサラリーマン釣り師とはちょっと違う。日本中の行きたい場所へ、いつでも即座に飛んで行ける環境が整っているのだ。言い換えるなら、魚はすでに、十分釣らせていただいている。従って、プライベート釣行においては、何も、あくせく釣果にこだわる必要はない。ぼく自身の中では、取材釣行で釣る1尾と、プライベート釣行で釣る1尾の価値観が、あまりにも異なってしまっているのである。

逆に、プライベート釣行では、釣果にとらわれず釣りそのものを心から楽しむことができる。例え釣果が得られなくても、誰にも迷惑が掛からないからだ。

考えてみれば、それこそ真の釣りではないか、理想とする釣りのあり方ではないか、と思われる。

釣果のみを求められやすい取材の釣りは、むしろ虚に類するのかもしれない。

願わくは、究極の釣りの目的としてぼくが考える、「釣果だけにとらわれず『釣り』そのものを楽しむこと」が映像や誌面で表現できるようになればよいのだが……。

第32回

# お気に入りのシューズたち

## 気に入った製品を長年使い続けることに、大きな満足を感じる

この数年の間に購入した運動靴の中で最も気に入っているのが、ナイキ社製のテニスシューズである。

購入したのは2年程前。ナイキの専門ショップで何種類かのシューズを購入し、半年ほどしてから箱を開け、使い始めてみるとぴったりフィットする。履いたその日からこれほどしっくりくる靴は久しぶりだなぁと、何となくそう思ったのであった。

履き込むほどにフィット感は増し、いつしか手放すことのできないお気に入りのシューズとなった。

ジーンズベースのラフなスタイルで過ごすことの多いぼくは、日頃からもっぱら運動靴を愛用している。

ショッピングに出掛けた折、何足かをまとめて購入し、順次、頃合を見計らって履き継いで行くといった具合だ。

さて、職業釣り師という立場上、いや、釣り人ならおそらくだれでもそうなのだろうが、釣り専用の靴がいくつもある。

あっちの釣り場こっちの釣り場、しかも、釣り種があまりに多岐にわたるせいで、種類も数もかなり多い。

ルアーフィッシング用として欠かせないのが、ウェーダー。

濡れずにざぶざぶ水の中に入って行けるウェーダーの存在は、ことシーバスフィッシングにおいては甚大である。

一年中シーバスフィッシングを展開するがゆえ、ネオプレン素材の冬用と、ゴアテックス製の夏用が不可欠。

ネオプレン素材の断熱性能は、水温さえ感知できぬほど完璧であり暖かいため、冬のシーバスフィッシングには欠かせない。ウェーダーの中が発汗で濡れるのを防ぐために、ゴアテックスのレインパンツを履いてからウェーダーを着用することもある。

夏用の薄手のウェーダーに関しては、断然ゴアテックス製がよい。よほど厳しい寒さにならない限り、アンダーとしてフリースのパンツを履けば、冬でも十分使うことができる。

ゴアテックスウェーダーの活用範囲は、想像以上に広いのである。

ソールパターンは、サーフオンリーならラジアル、ちょっとした磯やノリの着くコンクリート護岸を歩くことも想定するなら、スパイクかフェルトスパイクソールが安全。ぼく自身は、もっぱらフェルトスパイクソールを愛用している。

同じシーバスフィッシングでも、荒磯に立つヒラスズキゲームとなれば、シューズ一体型のウェーダーは危険である。

波に洗われた際の抵抗が大きいうえ、万が一海に転落した場合は、泳ぐに泳げない。

そこで、ヒラスズキゲームには、ドライタイツを着用しているのだが、水濡れが気にならない夏季ならウェットタイツでもよい。若かりし頃は全身スーツに身を包み泳いで沖磯へ渡ったりもしたが、35歳を境に半身タイツと決め、泳いで沖磯へ渡ることは封印することにした。

むしろ夏場は、泳ぐことなどハナから不可能な、ゴアテックス製ストッキングウェーダーを愛用しているほどである。

いずれの場合も、磯釣り用のスパイクシューズかフェルトスパイクシューズとの併用となる。

海藻の生い茂る冬から春にかけてと山道を延々歩く場合はもっぱらスパイク、ゴロタ歩きが多い場合はクッション性に優れたフェルトスパイクソール、といった使い分けをしている。

ちょっとしたゴロタ場や磯場で展開するメバル釣りや、メジナやクロダイ釣り、あるいはイシダイ釣りといったいわゆる磯釣りでは、ひざ下までのニーブーツの利用機会が多い。夏の暑い季節には、ヒラスズキゲームに使用しているシューズタイプの方が涼しくて快適なのだが、寒い季節や、潮溜まりを渡ったりすることもあるならニーブーツが最適だ。ソールパターンは、シューズタイプ同様、スパイクとフェルトスパイクが準備してあり使い分けている。

船釣り用は、船上デッキで滑りにくい専用のニーブーツと、同じソールのショートタイプを季節によって使い分ける。

沖釣りの船上では、各釣り座の足元に常時水を流しているケースが多いため、夏場でさえおちおちスニーカーで乗船することができないのである。

そういえば、夏場のシイラゲームなどに使用する、オフショアシューズもいくつか保有している。

肝心なのは滑りにくいことと、水濡れ後の乾燥が早いこと。

指先で突っかけるだけのサンダル履きの釣り人も多く見かけるが、ぼくはシューズか、せいぜい、かかとをバンドで固定できる専用サンダル止まりだ。

船上のあれこれに足をぶつけたりする危険を極力防ぐためと、何より、体のバランスを取るには足元がしっかりしていなければならないと考えるからだ。

とっかえひっかえ試しているのは、とにかく軽いランニング用や、グリップ力に優れるフットサル用。

少しでも荷物を軽くまとめたい遠征釣行には、迷うことなくランニング用を持参している。かくして、いつの間にやら釣り用シューズが車庫の棚を占拠しているのである。

さて、普段着のシューズに話を戻そう。

運動靴と並んで愛用しているのが、ティンバーランドのデッキシューズ。

本皮製のアッパーと、ブロックパターンのゴム製ソールは、長年の使用にも健在を保っている。

壊れてしまったら、と気遣い同じ製品を2足保有し交互に履いているが、一向に壊れる様子はない。

同じ時期に購入した別メーカーのデッキシューズのゴム製ソールがカチカチに劣化してしまったのとは大きな違いだ。

気に入った製品を長年使い続けられることに、ぼくは大きな満足を感じることができる。

そんなお気に入りの一品と、普段の生活でタイトに付き合うことができるなら、それに越したことはない。

さて、冒頭で紹介したナイキのテニスシューズの話であるが、もう少し続きがある。

ある日、遠征釣行から帰宅し、玄関を開けると、お気に入りのナイキシューズのベロの部分が、ギタギタに破けているではないか。

「おおーっ、これはどうしたことだ。ぼくの大事な、お気に入りのシューズがボロボロじゃあないか。これは一体……」

狼狽するぼくに、にこやかな笑顔でカミサンが、こう説明した。

「そうなのゴメンナサイ。庭につないであったティアラが何かを咥えて遊んでいると思ったら、そのシューズだったの」

ティアラというのは、我が家の飼い犬のこと。この柴犬と全く変わらぬ大きさのオスの豆柴に、ティアラなどという名を付けたのは、二十歳になる長女。

すでに家族の一員であるティアラの仕業となれば、いたしかたない。事の重大さなど理解できるハズのない飼い犬相手に怒ったところで空しくなるばかりだ。

翌日からしばらく、あっちのショップこっちのショップを訪ねては、同じシューズを探してみたもののまるで見つからない。

数件目のショップで力尽き、別の、足にフィットするシューズ探しに切り替えることにした。

以来、ことあるごとに試着を繰り返しているが、あのフィット感にはいまだ出会えていない。

## 第33回

# 何事も基本が大切

### 基本を理解してゆくという行為は、実に心地よいことなのである

何事も基本が大切であることは、いつの時代においても変わらぬことであり、また、おそらくだれもが心得ているに違いない。

ところが、そのだれもが分かっているハズの基本が、ふと気付けばおざなりにされていることが少なくない。

慌しく季節が移ろう故か、じっくり構えて挑めぬ慌しさ故か、はたまた己を過信してしまう故なのか、ことあるごとにつまずき、基本の大切さを心に刻むことになるのである。

さて、この冬は、伊豆半島のヒラスズキの魚影がすこぶる濃く、コンスタントに釣れ続いている。出掛けるたびに、サイズはともあれ2ケタヒットを得られるほどの好調ぶりだ。

雑誌の取材、ロッドのテスト、ルアーのテスト、プライベート釣行等など、夏から秋に

かけての相模湾におけるキハダ騒動同様、いつまたやってくるかも知れぬこのチャンスを逃してはなるものか、とばかり、時間をひねり出しては伊豆半島へ出掛けているのである。

カメラマンと雑誌記者を伴って出掛けた際も、ヒラスズキは期待を裏切らず、コンスタントにルアーに襲い掛かった。

うねり少々、左方向からの微風というコンディションは、本来ならヒラスズキゲームを展開するには若干物足りない。一言で言えばサラシ不足である。

ところがこの日は、若干の濁りと、横方向への流れがあった。それより何より、ベイトフィッシュを追ってヒラスズキの群れが接岸していたに違いない。ほんの1～2時間で、十分すぎるほどの釣果を得ることができたのだった。

ここはひとつ、同行の釣り好き記者にもヒラスズキを釣っていただこうと願い、使っていたタックルをそっくり手渡した。同じタックルを手に、同じ釣り場に立ってゲームを展開してもらえば、色いろなことが見えてくるに違いない、という目論みも少しはあった。

つまり、この取材記者を実験台として、ヒラスズキゲームを外側からじっくり観察してみようと考えたのだ。

長年の経験ですでに身体と思考がすっかり慣れ切って、もはやどこが難しくて何がコツなのかさえ分からなくなってきている。

ここはひとつ、ヒラスズキゲームの経験が希薄な、それでいて他のルアーフィッシングはそこそここなす記者にタックルをそのまま手渡して同じ土俵でゲームを展開してもらい、何が重要で、どこにコツがあるのかを見極めようとしたのである。

結果は、2バイト、0キャッチ。

トップウォータープラグにいきなりドッカンと飛び出した1度目のバイトに対するびっくりアワセはご愛嬌としても、ルアーの操作と風になびいたラインの処理が明らかに未熟だった。

なるほど、講習会などで初心者に教える時は、そのあたりをじっくり説いた方がよさそうだな、と深く心に刻み込んだのである。

翌週出掛けた釣行でも、早々に十分な釣果にありついたぼくは、タックルを同行者に渡してゲームの組み立てを観察させてもらうことにした。

前回の取材釣行で記者の釣りを観察させていただき、得るものが多分にあったためである。

今回の同行者は、釣りメーカーのロッド企画担当者。当然、タックルの扱いには慣れている。ただし、ゴロタ海岸の、ロングロッド（15フィート）を扱うヒラスズキゲームは未経験。

初チャレのロングロッド、初チャレのゴロタ海岸となれば、観察するぼくとしても実に興味深い。

結果は、1バイト、0キャッチ。

釣れなかった原因は、取材記者と全く同じ。ルアーの操作とラインの処理。ロッドがやけに長いという理由もあるのだろうが、それも含めて、風の中で戦うヒラスズキゲームの基本ができていないのである。

第一に、ダブルハンドロッドを自由自在に扱うためには、右手の押し出しに頼るより、グリップエンドを握った左手の引きを常に大切にするべきである。

右手の押し出しに頼れば、ロッドが長くなるほどに、あるいはセットしたルアーが重くなるほどに精彩を欠き、向かい風が強くなればロッドを振ることすらできなくなってしまう。ところが、左手で引くという基本を忠実に守っていれば、それらは全て、あっさり解消される。

その基本を、意識しなくとも実行できるようになれば、ダブルハンドロッドの扱いは見違えるほど上手くなる。

風の強い日のルアーやラインの操作は、風にもてあそばれる状態を極力排除するのが基本である。

前述2度の釣行で気になったのは、キャストしたルアーが着水する時点でのラインスラック。

風が強くなればなるほどラインスラックが発生しやすくなってしまうのは当然なのであるが、それをどれだけ食い止めることができるかで、どれほどの風に立ち向かえるかが決まってしまう。

一言で言うなら、ルアーが着水する際のラインスラックを極力、最小限に食い止める。それが最も効果的であり、有効であり、それでいて一度出てしまったスラックをリトリーブ途中で処理するよりずっとずっと簡単な方法なのである。

コツは、キャストしたルアーが着水する前にラインの出を止めてしまうこと。すなわち、ラスト数メートルは、ラインスラックを引き伸ばしながらルアーが飛んでゆくようにコントロールしてやる。ルアーの慣性力を利用すれば、風になびいたラインは、意外とたやすく真っ直ぐになるものだ。

いずれにせよ、風の吹くフィールドでラインスラックを最小限に食い止めることがヒラスズキゲームの基本中の基本であることを、心得ておいていただきたい。

風になびいたラインを利用して横方向にルアーを泳がせるなどといった離れ技は、基本の上に積み上げてゆくべき特殊なテクニックなのである。

かくいうぼくも、ふと気付けば基本をないがしろにしているケースがいくつもある。

この原稿をはじめ、月10数本の連載原稿を、もう何年もの間、全てパソコンで書いているわけであるが、ワープロとしての使い勝手には慣れているものの、パソコンの基本構造や操作については全くといってよいほど理解していない。

何かしらトラブルがあった際には説明書と首っ引きで悪戦苦闘するのが常で、どうにかこうにかその場を凌いでいるというのが実態である。

そんな未熟なパソコンユーザーが、正月休みを利用して、以前専門業者に作成していただいた現在のホームページのリニューアルに挑んでみようなどと一念発起してしまったものだから、それはもう大変である。

「サーバー」「プロバイダー」「サイト」「ドメイン」「リンク」等など。何となく言葉だけは知っていたものの、その実などはまるで理解していなかった。

ところが、分厚い説明書を1ページ目から順番にめくり、1歩ずつ進む亀のような歩みの何と心地よいことか。ひとつひとつ基本を理解してゆくという行為は、充実感に満ちた、実に心地よいことなのである。

新しいホームページは今、製作真っ最中であるが、当然、稚拙な仕上がりになるのは目に見えている。プロの作るそれとは比べ物にならないのは当然である。

しかし、それでも、満足度だけはきっと高い。手作りのホームページを世に送り出せる

（予定）ということだけで嬉しいのである。

そして、ほんのちょっぴりパソコンの基本が分かってきたような気になれたことが何よりの収穫である。

基本が大切であるという当たり前のことを、今一度自分自身に言い聞かせ、２００９年をしっかり歩んでゆこうと思う。

第34回

# ホームページが完成

## 一歩ずつ、地道に歩むことの大切さを、確認するよい機会であった

前号でも触れた通り、本年元日より、空いた時間の全てをホームページ作りに費やしてきた。

その労作が1月下旬にようやく完成し、2月早々に公開、多くの方々に閲覧していただけるようになった。

稚拙な作品を見知らぬ釣り人たちに閲覧していただくというのは、ある意味無謀な荒行である。ただし、荒行ではあるものの苦行ではない。パソコンに向かい続け、解説書を読みふけるうち、いつの間にやらゲームに興じているような感覚になっていたからだ。

徐々に何かが仕上って行くというのは、実に楽しい作業であり、充実感あふれる仕事である。

始めのうちは、暗闇のゴロタ海岸を歩くごとく、1歩進んでは立ち止まり、進行方向を模索するべくあれやこれやと試したり、解説書を開いては、次の1歩を慎重にソロリと運んでいた。

数歩進んだところで失敗に気付き、振り出しに戻って一から出直すこともしばしばだった。随分進んでから失敗に気付き、頭を抱えてしまったことも1度や2度ではない。

当然、その都度仕切り直すことになるのだが、我慢強く、一歩ずつ地道に歩むことの大切さを、久し振りに確認するよい機会であったようにも思う。

手法をすでに心得ている人から見れば、じれったいほど歩みは遅く、時間を掛けた割に仕上がりが稚拙、となるのだろうが、「人生にムダはない」と常々公言しているぼくにとってみれば、かけた時間はムダではなく、全てが有意義だった、と実感しているのである。

何せ、仕上った作品はともかくとして、「ホームページに掲載するあれこれが常に最新の状態であるように、逐一手を加え続けてゆきたい」という念願が、自らホームページを作り上げるために学んだ基本によって、ようやく可能となったのである。

考えてみれば、物が進化したゆえに、基本を知らずともそれなりの結果が得られるようになったことは数多い。

身近なところでは、写真。

撮る人の技術や魂が込められていたマニュアルカメラの時代から、今ではすっかり、だれもが簡単に完成度の高い写真を撮れるフルオートカメラの時代となった。

デジタルコンパクトカメラともなれば、写真の基本など何一つ知らぬままに、プロのそれと見まごうほどの結果が偶然飛び出したりもするのである。

だがしかし、結果だけを見れば進歩なのだが、よくよく考えてみれば進歩したのはカメラにすぎず、撮る立場の人間はむしろ後退してしまっているといってよい。

すなわち、露出を絞れば被写界深度が深くなり、逆に、開けば浅くなるといったことや、望遠レンズを使えば距離感がギュッと詰まり、広角レンズを使えば遠近感が増す、といった基本中の基本さえ忘れられつつあるのだ。

魚をドーンと前方に突き出し撮られた写真などというのは、レンズ交換を面倒臭がったカメラマンの怠慢か、基本を知らぬにわかカメラマンの仕業か、あるいは釣り上げた魚に自信がもてず少しでも大きく見せたいという釣り人のさもしさの表れとしかぼくの目には映らない。

もっとも、レンズ交換のできぬコンパクトカメラを使って、魚を大きく見せるための苦汁の演出をしようとするのなら、釣り人がめいっぱい魚を前方に突き出すしかないのだろうが……。

広角レンズを使った遠近感のディフォルメとは逆に、望遠レンズで距離感を詰めるというのは、例えば海岸に点々といる釣り人たちを横方向から撮ることにより、さも海岸に釣り人がひしめいているような写真に仕上げるといったことである。

そんな写真を標準レンズで撮ろうとするなら、釣り人たち全員に声を掛け近づいてもらうしかないのだが、さすがにそんなことをお願いしているカメラマンを見たことはない。みな、当たり前のように望遠レンズを使って撮影しているのである。

先述の逆パターンが、「レンズ交換を面倒臭がったカメラマンの怠慢」と書いた理由がお分かりいただけただろうか。

それより何より、そんなことを知らずともそれなりの写真が撮れてしまう時代だからこそ、イメージ通りの写真を自在に撮るためには、こころしてかからねばならぬのである。

話はガラリと変わるが、1月に「タレントフィッシングカップ（TFC）」というタレント主体のシーバスフィッシング大会が横浜で開催された

主催者は、永らく釣りビジョン（CS放送）で新製品紹介のスタジオ番組を担当していた、つるの剛士さん。

ご存知「羞恥心」というグループでブレイクし、大人気となった釣り好きタレントである。

その大会にぼくは、オブザーバー兼大会役員として参加させていただいた。

集まったのは、清水國明さん、水野裕子さん、吉川ひとみさん、ボカスカジャンの中山省吾さん、レーサーの高木真一さんなど自他共に認める釣り好きがズラリ。

実釣時間はおよそ5時間。

勝負は大型1尾の尾叉長。

キーパーサイズは、40センチ。

ぼくが乗船したボートでは、つるの剛士さん、格闘家の武蔵さん、俳優の哀川翔さん、釣りドルのふくだあかりさんたちが大型シーバスを狙い、ただひたすらジギングを繰り返している。

技術も経験もまちまち。

釣りの経験こそ豊富ながら、シーバスのオフショアジギングは今日が初めて、という参加者もいる。

当然、卓越したテクニックなど期待できるハズがない。操船する遠藤キャプテンの顔にも、不安がありありと滲み出ている。

ナイロンモノフィラメントラインを巻き込んだスピニングタックルで、フワ〜リ、フワ〜リといったスローなジギングが展開されていたりするのだから無理もない。

ところが、最初にヒットを得たのは、そのフワ〜リしゃくりを繰り返していた相川翔さんだった。しかも、正確なピッチで慣れたしゃくりを繰り返すつるの剛士さんや武蔵さんを差し置き立て続けにヒット。

ポツポツながらもコンスタントにヒットする様子を観察していると、偶然ではあるが、フワ～リしゃくりが当日のヒットパターンだったようなのである。

もちろんそれは基本に則って探り当てたわけではない。

何も考えずにシャッターボタンを押してみたら、素晴らしい写真が撮れてしまったのと大同小異である。

それより何より、パターンとかいった技術的なことではなく、何かしら別の力が働いていたようにも思われる。

実釣後のパーティー会場で、「タレントの皆さんには、技術を超えた、魚を惹きつける何かがある」と率直な感想を述べさせていただいた。

ちなみに優勝魚は、尾叉長65センチの堂々サイズ。しかもほぼ全員がシーバスをキャッチできたというのは奇跡に近い。タレント力恐るべし、といったところだろうか。

そんな逐一を即座に綴るブログ（日記）も組み込んだ、新生ホームページをぜひともご覧いただきたい。アドレスは、以下の通り。（http://www.seikai.info）

第35回

# 知らぬ間に宿るのが先入観

## どれだけ警戒しても、「先入観」という魔物は、容赦なく襲いかかってくる

「中途半端な先入観ほど無限の可能性を台無しにするものはない」と事あるごとに口にしている。

慣例やらデータといった類に頼るのが全て無意味だといっているわけではない。無垢な感覚によって積み上げられたデータなら極めて貴重。それを元に更なるステップアップを計るのは大いに結構なことなのだが、偏った発想によって積み上げられたデータには細心の注意を払って接しなければならないということなのである。

偏ったデータに全てをゆだね、チャンスを逃してしまったことは数知れない。慣例を信じて幾度苦汁を飲まされたことか。

どれだけ警戒し、どれだけ振り払おうとしても、「先入観」という魔物は、容赦なく襲

いかかってくる。

一歩一歩這うがごとく進まねばならぬ道無き釣りで、とりわけ難しいのが「魚が生息していない」あるいは「釣れない」という判断を下すこと。

例えば新たな場所に挑み、目的の魚がいきなり飛び出せば、それはもう間違いなく魚がいる証拠であり、その日のコンディションで釣りが成立することに他ならない。

問題は、挑んではみたものの目的の魚が釣れなかった場合……。

たった1回の挑戦で気配がなかったからといって、目的の魚が生息していない、あるいはそのコンディションでは釣れないと判断を下すのは、早急すぎる。

すでに魚がいると分かっている釣り場で、しかも、よいとされているコンディションの中でさえ、釣れない日はいくらだってあるのだ。

何度チャレンジして釣れなかったら、魚がいないという判断を下せるのか。同じコンディションの日に何度出掛けて釣れなかったら、その条件を捨て去れるのか。

いない、釣れぬ、と断言するには気の遠くなるほどの繰り返しと時間が必要なのである。

結局のところ、魚がいない、あるいはそのコンディションでは釣れない、という判断は、ある日ある時を以って結論付けられるものではなく、長い年月によって次第に認定されてゆくことなのである。

例えば、ヒラスズキを釣るのにサラシが必要不可欠であることは、現役シーバスフィッシャーマンならほとんどの方が知っているに違いない。

そのうえで、「ここのヒラスズキはサラシがなくても十分釣れます」などと教えていただくケースも多々あるのだが、「サラシがなくても」の「ない」がどれほどなのかが問題なのだ。継続して広がる厚みのあるサラシではなく、時折途切れるサラシ、あるいは、時折広がるサラシ、全くの鏡状態、等など。

もちろん、ぼく自身もベタナギ状態でヒラスズキを釣ったことは何度もある。サラシに代われるのは、濁り、流れ、多量のベイトフィッシュ。これらの条件が揃った時に、ベタナギ状態でヒラスズキが釣れることは珍しくない。

しかし、だからといってサラシがなくてもヘッチャラですとはなかなか言えない。選べるのなら、ぼくはやはり、サラシのあるコンディションを選びたいのである。

あるいは、ヒラスズキの南限や北限を探る旅にも際限がない。

早くから生息を確認できたのが、屋久島や種子島。共に初チャレで本命をキャッチできたのだから運がよかった。釣れてしまえば生息していると速やかに断定できる。学術的にも、一応、そのあたりが南限とされている。

では、さらに南のトカラ列島にヒラスズキが生息していないのかとなれば、大いに疑わしい。数度の調査で釣れなかったからといって、いないと結論づけるのはあまりにも性急であり短絡的だ。

沖縄県内で3例のヒラスズキ捕獲を確認してしまっている現在、トカラ列島における生息の可能性は、むしろ高いとみるべきだろう。ぼく自身も今後、時間を掛けて調査してみるつもりだ。

さて、先入観というテーマの、もっともっと身近なケース。

昔から、「メバルはナギを釣れ」という格言があることをご存知だろうか。

その格言が現実的でないことをぼくはもう何年も前から知っているし、メバル釣り師の多くがそう感じているに違いない。先人にはまことに申し訳ないことなのだが、メバルは、バシャバシャ波立つ条件を好んでいるのは間違いないのである。

それどころか、最近では、ベタナギはあまりよくないとさえ感じていた。特に、ゴロタ場のデカメバル釣りに関していえば、ベタナギの日の釣れっぷりは極めて低調であり、釣れたとしてもスレやすい。

さらに、大潮回りの干潮時間もよくない。「できることなら満潮前後にいらっしゃい」と、近しい釣友たちには進言していた。

それらは共に、実釣体験から得たことであり、苦い経験と嬉しい経験を幾度となく繰り返した結果である。

それでも、決定的ではないのだから、まだまだ試行は繰り返してゆかなければならない、と肝に銘じていた。

しばしば、ベタナギの日の干潮時間にゴロタ場へ出掛けては、中型主体の渋いメバル釣りを展開していたのだった。

ところが先日、ベタナギの干潮前後ゆえさしたる釣果はあがらぬだろう、とタカをくくって出掛けたにもかかわらず、短時間に33センチと31センチを含む数尾の良型メバルをキャッチしてしまった。

デカメバルが釣れた喜びもさることながら、釣れてしまったことに、驚いた。

いつの間にやら芳しくないと信じ込んでいた、ベタナギ、大潮の日の干潮時間。

その夜は、干潮時刻の2時間ほど前に釣り場に到着。そそくさと準備を済ませ、ゴロタ海岸へ出た。

潮位が低くなければ入れない岩の先端部に立ち釣り開始。

ロッドは、『月下美人76SVF』、リールは、『イグジスト2008』。ラインは、PE0・6号。ショックリーダーは、フロロカーボン2・5号を1・5メートル。

ジグヘッドは、1グラムでフックサイズが4番。装着するソフトルアーは、『ビームフィッシュ』1・8インチ、パールホワイト。

30センチほど離して8の時結びでコブを2個、2センチ間隔で作り、その間に3Bのガン玉を1個付ける。

沖目にキャストし、着底させてからボトムをトレースするようにゆっくりリトリーブしてくると、すぐゴンゴンッときた。強引に引き寄せ抜き上げると、24センチのメバル。小さくはないが大きくもない。26センチ、25センチ、25センチと続くが、案の定デカメバルはヒットしてこない。ベタナギ、干潮のせいに違いない。

そこで、尺アップの実績が高いエリアへ移動し、干潮のソコリ時間を攻めてみると、いきなり33センチがきた。

ああっ、メバルの引きの何と強いことか。一瞬、ヒラフッコ？　と疑ってしまったほどである。

さらに31センチ、続いて27センチと連釣。

嬉しくもあったが、ベタナギ、ド干潮における好釣果にぼくは、むしろ反省する気持ちの方が強かった。

いつの間にやら気持ちの中に根付いてしまっていた「先入観」という魔物。

できることなら生涯、純粋なチャレンジャーであり続けたいものである。

第36回

# 楽しそうなことは何でもやりたい

## 少なくともぼくは、釣りに関しては手当たり次第挑戦してゆこうと考えている

「アユの友釣りだけは絶対しません」

そう断言する釣り人が少なくない。理由を聞けば、多くは、アユ釣りがつまらないからではなく、のめり込んでしまうのが怖いから、と答える。

そんな理由が本当に成り立つのだろうか。そんな理由でアユ釣りをしないなんてことがあるのだろうか。

はなはだ疑問である。

そういえば、釣り番組『ザ・フィッシング』の歴代プロデューサーの中に、こんなことを言う人もいた。

「ぼくはあえて、釣りはしません。釣りをすれば面白くなって止められなくなるのは分

かっていますから、グッとこらえて我慢しています」

真顔でそう言い放っては、週末の度にゴルフに出掛けていたのが印象的であった。どちらも、当人にとってみれば悩み抜いた末の英断なのかもしれないが、ぼくには到底理解できない。

なぜなら、本当に面白そうなことを、あえて我慢し続けることなどありえないようにおもわれるからだ。

手を出せば常習化して、人間として堕ちてゆくのが怖いから麻薬には手を出しません、というのなら分かる。当然のことだ。

あるいは、最近気になって仕方ない美女がいるのだけれど、仲良くなればのめり込んでしまうのが分かっているから、グッとこらえています。というのも、妻帯者の言葉なら何とか理解できる。

前者は明らかな犯罪。しかも、肉体と精神が確実に蝕まれる。例え好奇心がうずいたとしても、何が何でも我慢しなければならないのは当然である。

後者はもう少し軟らかいケースであるが、カミさんが怒って逃げ出すか、家庭崩壊を招くのを覚悟で、接近するという選択肢がないわけではない。

容姿端麗。非のうちどころがないほどの女性と出会ってしまった場合は、過去の全てをかなぐり捨て新たな道を歩み出すのもひとつの道であるかもしれない。

まあ、そのあたりは一度冷静になって、じっくり考えた末行動に移していただければよいのではないかと、軽く私見を述べさせていただくにとどめる。

何せ、ぼくは単なる釣り師であるがゆえ釣りに関する相談ならいくらでもお受けできるが、人生相談までは受けきれない。会社勤めの経験さえない自由奔放な暮らしをしてきたぶんざいで、立派な社会人にとやかく言うことなどできないのである。

話がやや横道にそれた。

アユの友釣りにそれほどの魅力や魔力があって、他の釣りとは比較にならないほど面白いというのなら、あえてそれを拒絶しなければならない理由は見当たらない。

もし仮に、アユの友釣りが面白くて面白くて、他の釣りなど眼中になくなってしまったのなら、アユ釣りを生涯の友とすればよいことである。そして、それはむしろ、より傾倒できる世界を見出したことであり、より充実した人生が送れることに他ならない。どう考えても、「面白すぎてはまり込むのが怖いから」などという理由は納得できないのである。

素直に、「道具を準備したりするのが面倒だからやらない」と言えばよいではないか。

とまあそんなわけで、何一つ躊躇することなく釣りという釣りを片っ端から手掛けてきたぼくがここ数年陥っているのは、あれもこれもやりたくて時間がまるで足りないという状況。

「毎日釣りに出掛けられていいですね」

とは言われるものの、それでもぼくには時間が足りない。

本当は、それぞれの釣りにもっともっと時間を割き、気になる釣り場へとことん通い詰めたいけれど、それは夢のまた夢。確かに、多くの釣りに手を出しすぎた。

今はもう、どの釣りひとつとってみても、満足できるだけ繰り返すことが物理的にできなくなってしまっているのである。もっとも、それならやりたい釣りを気の済むまでおやりなさい、と言われても困る。やりたい釣りがありすぎて、ひとつに決めることなど到底できない。

さらに、現状でさえ四苦八苦しているというのに、新しい釣りに目がない、という厄介な性格を持ち合わせている。

沖釣りの「ライトタックルゲーム」、メタルジグとソフトルアーをドッキングさせた「エビング」、ゴロタ海岸の「デカメバルゲーム」あたりに、ここ数年は多くの時間を充てている。

前記2種は船に乗ることが前提となっているため、出撃日に制約が生まれる。スケジュールに空きを作らなければ出掛けることができない。

その点、「デカメバルゲーム」は厄介だ。

家からほんの数10分で釣り場に行けて、夜ならいつでもオーケーときている。

ついフラフラと、ゴロタ海岸へ向かってしまうのである。

また、このデカメバルが高確率で釣れてしまうのが困りもの。行けば釣れるし、釣れればまたすぐに行きたくなってしまう。

おっ、ひょっとして、「ハマるのが目に見えているから、あえてやりません」というのはこのことか。

確かに、一度ハマッてしまうと抜け出せない。ましてや夜間にちょちょいと出撃できるのだから都合はつけやすい。シーバスゲームしかり、港湾のメバルゲームしかり。

しかし、だからといってあえてやらないというのはやっぱり理解できない。我慢する必要なんてさらさらないではないか。

だってアナタ。尺超えのでっかいメバルが出掛ける度に釣れてしまうのだよ。

ゴツンときて、グングングンと頭を振り、ギュギュギューッとドラグを逆転させラインを引き出してゆくのだよ。

しかもだねぇ。すこしずつ釣り場を移動しながら攻めてみると、そこここでヒットがあって、それはもう笑いが止まらないほど釣れてしまうのだよ。

ただし、基本的に型はでかいが数は出ない。ポツリポツリの釣れ方で大釣りはできない。しかし、尺ですよ尺。

この魅力的な世界に足を踏み入れたところで、犯罪にはならないし、家庭崩壊を招くわけでもない。（いや、家庭崩壊に関しては保障の限りではない）

それでもまだ、「面白そうだから止めておこう」などとヘンテコな理性を働かせる人がいるのだろうか。

「あそこのレストランの料理を食べたらクセになりそうだから絶対食べません」

などと言ったり、

「新幹線のグリーン車や、飛行機のファーストクラスには絶対乗りません」

などと主張する人がいるのだろうか。

まあいいか。

少なくともぼくは、釣りに関しては手当たり次第挑戦してゆこうと考えている。

新たな世界が提案されれば、すぐにでもチャレンジしたい。

1週間後には沖縄へ飛び、「エビング」でカンパチとキハダをそれぞれ狙うつもりだ。

パヤオ周りのキハダ釣りで始まった「エビング」は、キハダだけにとどまらず、ブリ、ヒラマサ、カンパチにも絶大なる威力を発揮することが分かってきた。

やりたいことが山ほどある。

禁断のアユの友釣りに手を出してすでに20年以上経った。それでも、相変わらずどの釣りも面白くて仕方がない。

第37回

# 携帯電話で原稿が送れる時代

## 正直ぼくは、おののいた。時代はすでにそこまで進んでいるのか！

月に15本程度の連載原稿を書き続けて10年以上になる。イレギュラーな単発原稿を加えると、20本以上書く月も少なくない。テーマは、日々の釣りや暮らしの中にいくらでも転がっているため尽きることはないのだが、取材釣行が多くなれば、当然、原稿を書いたり推敲したり初稿をチェックしたりする時間が足りなくなってくる。

飛行機や新幹線での移動中にパソコンを取り出し、仕上げた原稿を、空港や駅や宿泊先からインターネットで送ることになるのだが、考えてみれば便利な時代になったものである。インターネットなど普及していなかった頃の送稿は、もっぱらファックスに頼っていた。何10枚もの原稿用紙に綴った拙稿を、ホテルのフロントに持ち込んでは、送っていただいていたのである。

ホテルなどない小さな島や田舎町に出掛けた時などは、ＮＴＴや役場を探して飛び込みお願いすることになるのだが、これがまた一苦労。

ＮＴＴやホテルのフロントのように、ファックス機そのものが大型で素早く送れ、枚数に応じて料金が請求される場合はこちらとしても気は楽なのだが、町役場の職員が小型の機械で１枚１枚、好意で送ってくれるときなどは、時間がかかるほどに申し訳なさにさいなまされた。

日本最西端の与那国島の民宿で、徹夜で書き上げた長い原稿を、役場のおばちゃんが大汗をかきながら嫌な顔ひとつせず１時間近くかけて送ってくれたときなど、ありがたさと、申し訳なさで胸がいっぱいになった。

「ご親切にありがとうございます。本当に助かりました」

と頭をさげるぼくに、

「いえいえ、どういたしまして。何とか送れてよかったです」

と笑顔で返してくれたことを今でも鮮明に覚えている。

おもい返してみれば、人と人との会話があって、心と心の触れ合いが自ずと生まれるよい時代だった。

やがてワープロ通信が始まり、数年後には、公衆電話や携帯電話とワープロを接続して原稿が送れるようになった。

ただし、普及し始めたばかりの携帯電話の電波が不安定で通信環境の確保が難しく、ある時、石垣島の空港で、滑走路脇から原稿を送らせてもらったこともあった。

たかだか15年ほど前のことである。

時は流れ、インターネットの時代がもの凄いスピードでやってきた。

ワープロを何台も保有し、ワープロ通信の最先端を追いかけていた（たぶん）ぼくは、そのあまりパソコンへ移行するタイミングが完全に遅れ、従ってインターネットにも乗り遅れた。

「ウィンドウズ95」の発売と同時に購入したパソコンはほとんど使われないまま仕事部屋の隅でホコリを被り、3年後に「ウィンドウズ98」搭載の新型パソコンを購入した時点で、不燃ゴミとなって処分された。

ワープロ通信に見切りをつけ、インターネットへの切り換えを心に決めたのは、新型ワープロの開発が止まり、ワープロそのものが見る見るうちに電気店の店頭から姿を消していったためである。

時はすでに、パソコン時代であり、雑誌社へ送られる原稿の多くは、インターネットを使って送稿されていたのである。

徐々にパソコンに慣れ、インターネットで送稿できるようになると、これはまさに便利の一語に尽きる。

書き綴った文字ばかりでなく、写真原稿やレイアウトまでやり取りできてしまうという点においては、当然のことであるがワープロ通信の時代とは隔世の感がある。

締め切りギリギリで書き上げた原稿や撮ったばかりの写真を送ったりするのはもちろんのこと、初稿の刷り出しを受け校正をしてすぐさま戻したり、ページのレイアウトを送ってもらいチェックすることも居ながらにして可能となった。

ところが、今度は、通信できることが当たり前となりうまく通信できない時にストレスを感じてしまうようになってしまった。

ハナからインターネットがつながらない場所ならいたしかたない。

仕事の関係者たちにも、「パソコンがつながらないからその間は諦めて」とその旨通達しておくのだが、つながるとおもっていた場所や、本来つながらなければならない場所で通信不能に陥ったりすると、柄にもなくストレスを感じてしまうのである。

先日石垣島へ出掛けた際もそうだった。

出発前に家で書いた原稿を、飛行機の中で推敲し、現地のホテルから送稿しようと考え、担当編集者にもそう伝えておいた。

若干心配していたホテルの部屋も、無線LANでインターネットにつながる環境が整っていた。

ところが、である。

ホテルの部屋へ入ってすぐ、原稿を送ろうと試みたのだが、どうしたわけかインターネットがつながらない。

フロントに問い合わせてみると、「部屋では電波が弱い場合がありますから、そんな時は、フロントのフロアーで接続してみてください」とのこと。

言われるままにパソコンを抱えて1階フロアーまで下り、試してみるが、相変わらずつながらない。もういい加減ウンザリしてきたが、待っている編集者がいるとおもえばこちらも必死だ。

結局インターネットはつながらず、数日後の帰る日に、乗り継ぎのために立ち寄った那覇空港の待合室に駆け込み、2日遅れの送稿となった。

その一部始終を見ていた本誌の中川担当編集者が、「村越さん、最新の携帯電話なら、パソコンで書いた文章データを、メールに添付して送ることができますよ。相手からページのデザインを受信して、携帯電話のディスプレイでチェックし、訂正して送り返すことも可能です」と教えてくれた。

ええーっ、何だって。今の携帯電話はそんなことができるのか。

正直ぼくは、おののいた。

時代はすでにそこまで進んでいたのか。

ぼくはその場で、今回の苦労を繰り返さないためにも、携帯電話を買い換えようと心に決めた。

翌日、地元の大型電気店に出掛け、中川編集者から教えられた最新機種を店員に告げ、入手して家に帰った。

よしよし、これでいつでもどこからでも原稿を送ることができる。インターネットがつながるところを探すのは大変でも、携帯電話のつながるところならいくらでもある、いや、今時、つながらない場所の方が少ないぐらいだ。

ところが、夢見心地のまま早速原稿を送ってみようと試みるが、これがもう、どうしてもうまくいかない。

色いろ試すうち、すっかり面倒臭くなり、イヤになってしまった。

最近の、恐ろしく速い時代の変化についてゆくのは大変なことである。

しかし、過渡期にある送稿手段を一段落させるためにも、購入した携帯電話は何とかして使いこなしたい。

それさえできれば、毎月のように迷惑と心配を掛け続けている編集者の方々にも、ホッと一息ついていただけるに違いないのである。

第38回

# メディアの中の釣り

## どうやって魚の居場所を突き止めたかを表現する。それこそが「村越正海的釣行の真髄」である

メディアの中の釣り、すなわちテレビや雑誌の中で、自らの釣行をどんな風に構成しどんなカタチで表現したらよいか、模索し続けている。

取材釣行への挑み方は、大別すればふたとおり。

ひとつは、事前情報ナシ、行き当たりバッタリで現地へ出掛け、地形や状況を探りつつ釣り場やタイミングを絞り込んでゆくというパターン。

日本地図を広げ、「この半島あたりがよさそうじゃないか」「この島で一度は竿を出してみたいものだ」「ここいらあたりで釣れたという話を聞いたことがある」等など、かなり大雑把に、そして大胆に候補地を決め、その後に地形図や航空写真を眺めつつ自分自身のイメージの中で確認作業を行い、取材地として決定するのである。

もちろん、ただ闇雲にというわけではなく、対象魚の性質やら生態やらを経験に基づき十分考慮した上での話だ。

もうひとつのパターンは、徹底的にリサーチをした上で釣り場を決め、タイミングを見計らって挑むという〝鉄板釣行〟。

取材する側である製作会社や編集部にとってみれば、より確実性の高い〝鉄板釣行〟が好ましいのは当然である。結果として、莫大な経費がかかるテレビ番組の取材は、確実に釣果を得られる船釣りが多くなってしまうのである。

情報という意味でいえば、船釣りを上回る〝鉄板〟はない。

毎日のように船団となって釣り場に集結する乗合船の、数え切れないほど多くの釣り人たちの平均釣果から判断すれば、かなり確実性の高い予想が得られるのは当然のことだ。

その、釣果予想に則って取材を行えば、外すことなどまず考えられない。

陸っぱり釣行でも、船釣りほどではないにしろ、〝鉄板型〟がないわけではない。

周到な下見を重ねたり、事前情報をかき集めたりしたうえで慎重に釣行先を決定すれば、対象魚にもよるが、ある程度は確率の高い取材を敢行することができる。

魚たちが集結している釣り場さえ分かってしまえば、釣果を上げるのはたやすい。

予定通りすんなり得た獲物を手に、「このタックルがスバラシイのです」「このルアーがよく釣れるのです」「こんなテクニックで釣り上げたのです」「どうです、ワタシって上手いでしょ、凄いでしょ」とやることができるのだ。

ぼくの目に映るテレビの釣り番組や釣り雑誌の釣行記の構成や内容は、ことごとくコレだ。トドのつまりが、管理釣り場。

限られたエリアの中に必ずいる魚に挑むのは、無辺際な海の釣りとは真逆の世界。すなわち、魚がいることを前提としてスタートする釣りと、魚がいるかどうか分からないところから始まる釣りは、全く別の次元と考えてよい。

もちろん、管理釣り場など不要だ、といっているわけではない。

管理釣り場というのは、言ってみればゴルフの練習場と同じようなもの。

キャストの練習をしたり、ルアーの引き方を確認したり、カラーローテーションによる魚の反応具合をチェックしたり、アタリの出方を覚え込んだり、フッキングを試したり、ヤリトリを経験したり、ロッドやリールの調子を比較したりする場所としては申し分ない。

管理釣り場で練習すれば、キャストやヤリトリは格段に上手くなる。

そこで身につけた知識と技術をもって、自然界の魚たちが集結している釣り場へ出掛け、実際のターゲットを相手にウデ試しをしてみるのもよいし、のんびり楽しむのもよい。

「ではどこへ出掛ければよいの?」という釣り人のためには、「どこそこの釣り場へ出掛けて、こんなルアーで挑んでごらんなさい」といった内容の、いわゆる釣り場情報が必要になるのも当然のことだ。

最近の釣りメディアの傾向は、つとに、情報重視である場合が多い。

釣り場や釣果情報ばかりでなく、新製品情報が占める割合も少なくない。

それらは専門チャンネルや専門誌として必要不可欠なことであり、視聴者や読者としても、欲しい情報であるのは間違いないことなのである。

今現在、ぼくが目指しているのは、事前情報ナシの行き当たりバッタリ釣行。

どんなタックルやルアーを使いどんなテクニックで釣り上げたのかなど、情報性の高い話やテクニック論は二の次として、無の段階からどのようにして釣り場を見つけ、どうやって魚の居所を突き止めたのかというプロセスをできるだけ克明に表現しようと心掛けている。

理由は、それこそが「村越正海的釣行の真髄」であることと、それにも増して、視聴者や読者たちの中にもきっと、その点に興味を抱いている人がいるに違いない、と勝手に想像しているためだ。

克明な釣り場図を添えて、「この釣り場へ出掛けて御覧なさい。きっと、おそらく、釣りたい魚が釣れるに違いありません」とやるのもよいのだろうが、原稿を書いた日と、掲載本が発売される日に隔たりがあるため、紹介したとおりに釣れない事態が往々にして起こる。

仮に、よい状況が継続されていたとしても、メディアで紹介された釣り場には釣り人が殺到し、入るのは極めてむずかしい。

それでもまあ、「後々のために貴重な情報です」とでも言ってもらえれば、まことにありがたい話なのだが、ぼく自身がそういう釣り場へ行かないのと同様、きっと、「自分の釣り場は自分で探すのだ」などと、よい意味での意地を張りとおす釣り人だっているに違いない。

そこまで頑ななポリシーの持ち主でなくとも、教えられた釣り場へホイホイ出掛けるだけでなく、時には自分で釣り場を探し、魚を探し、実釣に挑みたいとおもっている釣り人は、決して少なくないハズだ。

ぼくの陸っぱり釣行は、まず、周辺地図をじっくり眺めることから始まる。

地図を眺めながら、日程内に釣り歩くことが可能なエリアのなかに、過去によいおもいをした釣り場と同じような地形の場所がないか、じっくり探してゆく。

次に、実際にその場所へ行き、その時刻における風と波、潮位、流れ、ベイトフィッシュの有無、地形、沈み根の具合などを逐一チェック。時間があれば実際に釣りを展開し、よりしっかりしたデータをインプットし、次の釣り場へ向かう。

前半戦は、ひたすら釣り場と状況の確認作業に費やし、集めた情報を頭の中で整理し、捨てる釣り場は捨て、可能性のありそうな釣り場をいくつかピックアップし、潮時や風向きを考慮しつつ、めぐる順番を決定して行く。

実際の釣行では、無限にあるファクターのうちからどれを選択し、何を優先して釣り場を決定したのか、そして、どうやって数ある釣り場のめぐる順番を決めたのか、できるだけ正確かつ克明に表現したいと考えている。

今ぼくが目指しているのは、「どうやって釣ったか」ではなく、「どうやって魚を見つけたか」であり、「魚の居所を突き止めるまでの過程をどう楽しんだか」、「その釣行から何を学び発見したか」といった内容の番組であり記事なのである。

第39回

# 魚〝釣り〟にこだわりたい

## それぞれのこだわりをとことん追求することで、豊かな喜びが生まれる

このところ、事あるごとに、「ぼくは魚を釣りたいわけではなく、魚釣りをしたいのです」と書いたりしゃべったりしている。

どういうことか。

例えば、こんな話を耳にしたことはないだろうか。

「都会からやってくるヤツらはよう、道具ばっかり立派で、ウデがなっちゃあいねぇ。オレなんざぁこんな粗末な道具しか持ってねぇけど、道具なんて関係ねぇよ。ヤツらはオレの半分も釣れねぇんだから」

最近は少なくなったが、ちょっと前の船頭さんたちは、こんなタイプが少なくなかった。手にした竿は、ひと目見て粗末なシロモノと分かる。太いラインに、錆びたハリ。船内

に転がっている道具や仕掛けのことごとくが、そんな感じだった。

それでいて客の何倍もの魚を釣り上げるのだから、その場における反論はさすがにし難いが、そんな話を聞いて、皆さんはどうおもうだろうか。

某日、気心知れた仲のよい船頭さんに誘われ、船に乗ってぶらりと沖へ出た。

向かった先は、沖合約300メートル。砂地に根が点在する、水深およそ5メートルのポイント。

到着するや否や船頭さんがやおら取り出したのは、両端にスイベルの付いた、1本のステンレス線。太さは1・8ミリ程度で長さは60センチ位だろうか。

両端のスイベルにリーダーをつなぎ、それぞれにシンキングミノーを結びつける。

そのステンレス線の真中あたりを、10号程度のナツメ型オモリを付けた太いテトロン糸につないでトローリングを開始。

「何が釣れるんですか」

「スズキですよ」

「えっ、スズキがこれで?」

「そうです。砂地の根周りがポイントです。いる時には何尾かの群れらしく、ヒットするときは2つのルアーに同時に来ることが多いです」

「へぇ〜ッ、そんなに簡単に釣れちゃうんですね」

「磯周りのヒラスズキは釣りませんから安心してください」

ヒラスズキ好きのぼくに気遣い、そんなことを言いながらトローリングを始めると、ナルホドすぐにヒット。しかも、説明どおり、2つのルアーそれぞれに掛かっている。

面白い釣りがあるもんだなぁ、と感心したが、だからといってそれをやってみようとはおもわないし、それをシーバスフィッシングとして受け入れることはできない。

船頭さんは、経営する民宿の宿泊客用として、ヒラスズキよりおいしいスズキ（船長談）を確保するべく出船したのだが、ここでの目的は、魚であって、魚釣りを楽しむことではない。

ぼくたちが没頭し、心血を注ぐ「魚釣り」とは趣を異にするものなのである。

そこが重要なのだ。

こんな例はいかがだろう。

砂漠をさまよい続けた旅人が、ようやくたどり着いたオアシスで飲む水は、生きるためのもの。

味などなくてよい。甘くなどなくてよい。炭酸が入っていたり、ましてや黄金色に輝く冷えたビールでなくともよいのである。

ところが、何かの記念式典や、仲間と楽しむパーティーの席となれば、水ばかりではあまりに素っ気ない。

求められるのは、生きるために最低限必要な水分ではなく、各自の嗜好に見合った飲み物。当然、人によって好みは違う。

ビール、シャンパン、ワイン、ウイスキー、ジュース等など、パーティー会場で自由に選べる飲み物の種類を見てみれば一目瞭然だろう。

あるいは、コーヒー豆へのこだわりも、生きるための水とは別世界の話である。

豆はエチオピア産のモカか、タンザニア産のキリマンジャロか、あるいはグッと高貴にジャマイカ産のブルーマウンテンかハワイ島産のコナか。

それぞれに味わいがあり、それぞれのこだわりがあり、それらをとことん追求することによって、豊かな喜びが生まれる。

趣味とは、こだわりとは、そういうことなのである。

得るべきものは形ある結果ではなく、自分自身の満足感や充実感ではないのか。

こんな例もある。

睡眠不足が続いた後や、徹夜仕事の後に睡眠をむさぼる際は、多少、周囲が騒がしくてもすぐさま眠りにつくことができる。心地よいＢＧＭなども必要ない。

これもまた、砂漠のオアシス同様生きるために不可欠の睡眠であって、寝方や睡眠環境へのこだわりなどどうでもよいことなのである。

ところが、リゾート地へ出掛け、プールサイドで本など片手に読書にふけり、眠くなったら昼寝を楽しむ、となれば、周囲の騒音は耳障りでならない。

静寂の中で好みの音楽でも聴きながらウトウトしたいではないか。

暑い太陽が降り注いでいるならキンキンに冷えたビールも欲しいところ。ＢＧＭは、南国ムード溢れるハワイアンがよい。

こだわればこだわるほど、眠りは心地よくなるに違いない。

話を釣りに戻そう。

例えばぼくが、ヒラスズキ釣りの取材に出掛ける。

編集者やディレクターから、「ヒラスズキを釣るためのルアーは、何がよいのでしょう」と問われれば、「ルアーは何でも大丈夫です」と答える。

「ルアーのサイズやカラーは?」

「何でも大丈夫です」

「ロッドは?」

「シーバスロッドなら何でも……」

「リールは?」

「ロッドとのバランスが取れてさえいれば何でも……」

　ヒラスズキを釣るためのルアーや道具なら、何でもよい。前述の漁師と同じである。あるいは、生きるための水や睡眠と同じなのである。

「では、村越さんがこだわって使っているロッドは?」

　と問われれば、

「15フィートの『平狂』です。何が何でも15フィートロッドです。15フィートロッドを手に、荒れた磯に立ち、過酷な条件の中でイメージ通りのゲームを展開するのがぼくのヒラスズキゲームなのです。ロングロッドは疲れますが、疲れるからこそ面白いんです。波や風にさらされながらゲームを展開するのは大変ですが、過酷であればあるほどやりがいが大きくなります。もちろんそのためにはルアーも適材適所で何種類か必要になります。ヒラスズキを釣るためだけならルアーは何でも構いませんが、イメージどおりに展開しようとおもえば、何種類か必要です。それを必然というのです」

　と一気にまくしたてるに違いない。

「東京から大阪まで車で行きたいのですが、車は何がよいでしょう」と問われれば、「何でもよい」と答えるしかないが、「アナタならどんな車で走りたいですか」となれば、あれやこれやおもいをめぐらすことになるのと同じなのである。

歴史を紐解いてみれば、江戸時代に、初めて「食」を目的としない「タナゴ釣り」が始まっている。

平成の今、ぼくたちは改めて、自分自身が目指している釣りを見つめ直してみる必要があるのではないか。

第40回

# ルアーフィッシャーマン的、餌釣りのすすめ

## ルアーフィッシャーマンたちが始めたタチウオ釣りが沖釣り師たちに浸透し、今ではすっかり主流になった

とあるルアー釣り専門雑誌で、「ルアーフィッシャーマン的エサ釣り紀行」なる実釣記事を連載していたことがあった。

ルアーフィッシャーマンの目で、感覚で、そしてルアーフィッシング用のタックルを使って、色いろな餌釣りに挑んでみるという内容だった。

一見無謀ともおもわれる企画であったが、実は、現在人気を博している餌釣り（特に沖釣り）の中には、ルアーフィッシャーマンたちの手によって提案され、熟成され、現在形となったものが少なくないのである。

例えば、タチウオ釣り。

従来からのそれと区別するために、ＬＴ（ライトタックル）タチウオ釣りと呼んでいる

船宿もある。

従来からあったタチウオ釣りは、太いロッドに電動リールをセットし、片腕ほどもあるテンビンにでっかいオモリをぶら下げ、全長3メートル近い2本バリ仕掛けを使うというのが基本だった。

この仰々しいタチウオ釣りの横で、ルアーフィッシャーマンが極細ロッドに小型両軸リール、PE0・6号ラインというセッティングでメタルジグをしゃくり、同様にタチウオを釣り上げていたわけである。

ルアーフィッシングのタチウオ釣りも、以前はガチガチのジギングロッドを使い、重いメタルジグをガンガンしゃくっていたのだが、シーバスフィッシング同様、「ベイジギング」スタイルが波及すると瞬く間にそれが標準となり、ついにはそのタックルのままで行う餌釣りを生み出すことになったのである。

それがLTタチウオ釣りの始まり。

手掛けてみると、繊細なアタリがビンビン伝わってくる。繊細さにおいてはジギングをはるか上回っているため、ルアーフィッシャーマンにとっても十分面白い。

しかも、アタリがある割になかなかハリ掛かりさせるのが難しい。向こうアワセで掛かってしまうわけではなく、間合いを図り、よきタイミングでエイッとやらなければ、餌だけ取られてしまうのである。

首尾よくハリ掛かりすれば、軟調ロッドがグワワンと激しく曲がり、傍目にも迫力満点、楽しそうなことこの上なし。当然、当の本人はどっぷり幸せ気分に浸るわけなのである。

その、ルアーフィッシャーマンたちが始めたタチウオ釣りが、やがて沖釣り師たちにも浸透し、今ではすっかり主流になった。

まさに、ルアーフィッシャーマンの手によって作り上げられた餌釣り（沖釣り）なのである。

カワハギ釣りで多くの人が1号以下の道糸を使うようになったのも、実は、ルアーフィッシャーマンの功績。

沖釣り師たちは、「カワハギ釣りの道糸は昔から3号か4号を使うのが決まりです」と頑なに古き時代の決め事を守っていた。

ＰＥライン登場以前の沖釣りでは、道糸にナイロンモノフィラメントか、テトロンラインを使っていたのだが、主流がＰＥラインに取って代わっても、同じ太さの道糸を使い続けていたのである。

それら道糸に比べ2倍以上の強さのあるＰＥラインなら、半分の太さで用は足りる。さらに、ダブルラインを介してリーダーにつなげば、さらに細くても大丈夫。

多くのルアーフィッシャーマンがカワハギとの真剣勝負に傾倒するにつれ、古き時代のカワハギ釣りは霧中に消え、より攻撃的な、よりセンシティブなカワハギ釣りが提案され始めたのである。

実際、各地のカワハギ釣りの大会で、上位常連となっているルアーフィッシャーマンが少なくない。

ルアーフィッシャーマンにとってみれば、繊細なアタリをキャッチし、掛けアワセることなどお手のもの、といえなくもない。

そしてさらに、これぞ究極といえるのが、1つテンヤのマダイ釣り。

その繊細極まりないマダイ釣りを研究し完成させたのが、千葉県大原の「きえい丸」のオッチこと若き船頭。

オッチ船長は元々、伝統釣法「ビシマ釣り」の名手と称されていたのだが、ルアーフィッシング好きでもあったために、スピニングタックルを使った全く新しいマダイ釣りを提案したのである。

使用タックルは、7~8フィートのシロギス竿やメバル竿。肝心なのは、穂先が細く繊細であること。

リールは、2000~2500番サイズ（ダイワ製品の場合）のスピニング。

ラインは、PE0・6号前後。

リーダーは、1・5～2・5号。もちろん、メインラインとリーダーとの接続は、100パーセントノットでなくてはならない。

そのあたりがルアーフィッシャーマン的発想であり、沖釣り師がなかなか馴染めなかった理由といってよい。

1つテンヤのマダイ釣りについて、もう少し詳しく説明させていただきたい。

タックルやラインに関しては前述のとおりで、リーダーの先には小さなテンヤを1つ結びつける。

従前のテンヤ釣りでは、仕掛けを沈めるための中オモリを付けるのが普通である。その中オモリを使わず、テンヤだけを使うから、1つテンヤと呼ばれているのだ。

テンヤの重さは、1～5号。本来ならテンヤの大きさは、1番から5番と呼ぶのが正しい。しかし最近は、「番」ではなく「号」で呼ぶケースが多くなった。

ちなみに1号は3・7グラム。

浅くて10メートル、深くは50メートルの水深を、平均3～4号のテンヤ1つで攻めることになるのだが、キモは、テンヤが着底したことを感じ取れるかどうか。

細いラインを使い、繊細な穂先のロッドを使っていればこそ、成り立つことなのである。

しかも、時にはフォール中にフワッとくるアタリをキャッチし、しっかりアワセなければならないし、大ダイが掛かれば、小型スピニングリールのハンドルをグイグイ回し、ロッド操作で突っ込みをいなし、ギリギリのヤリトリをしながら引き上げてこなければならない。

これは、どう見ても沖釣りの世界ではない。餌釣り師の仕業ではない。だれがどう見ても、どこをどう見ても、ルアーフィッシングそのものなのである。

違うところといえば、ジグヘッド……ではなく、テンヤに冷凍のサルエビを付けていることぐらい。

もし仮に、サルエビではなく、サルエビの形をしたソフトルアーを付けてさえいれば、紛うことなきルアーフィッシングとなるのである。

そういった意味からも、ルアーフィッシング的沖釣りといえる。ルアーフィッシャーマンが得意とする餌釣りであるのは当然である。

繊細なタックル、リグを使いこなし、ライトラインで大物を引き上げる。

まさに、ルアーフィッシャーマンから生まれた釣りであり、ルアーフィッシャーマンに好まれる釣りである。

たった1つ違うのは、餌を使うこと。

ルアーに拘りながらルアーフィッシャーマンを貫き通すのも悪くはないが、ここはひとつ、ゲームフィッシャーマンという解釈で扉を開き、餌釣りにも挑んでみていただきたい。沖釣り師に交じって、力を発揮していただきたい。

そこにはきっと、ルアーフィッシングにフィードバックできる、何かしらヒントが転がっているに違いない。

ルアマガブックス 006

# 正海に訊け!

発行日　2019年10月4日　第1刷

著　者　村 越 正 海
発行者　清 田 名 人
発行所　株式会社　内 外 出 版 社
〒110-8578 東京都台東区東上野2-1-11
電話　03-5830-0368（企画販売局）
印刷・製本　中央精版印刷株式会社


ISBN 978-4-86257-482-4